用電影說印度

從婆羅門到寶萊塢，
五千年燦爛文明背後的現實樣貌

INDIAN
DREAM
FACTORY

推薦序 1

一本佐上獨特寶萊塢風味的好書

《用電影說印度》是本超級有趣又值得一讀的書；身為歷史教師又熱愛印度文化的作者，以自己豐富的旅遊經驗為基底，佐上風味獨特的寶萊塢電影，還有那具天分又敏銳的人文視角，為大家煮出一鍋最好吃、最好玩、最好看的異國印度料理。想到印度讀書、旅行、工作、朝聖、修行、放空、找尋生命意義、還有喜歡印度文化的你，絕不可錯過呀！

——劉政暉
換日線、獨立評論專欄作者，現任台東均一中學社會科教師

推薦序 2

一個地方有趣與否，在於對其文化的了解

自從看了《寶萊塢生死戀》迷上印度天王沙魯克汗之後，就瘋狂地愛上印度電影！寶萊塢電影獨特的魅力，動人劇情、豔麗色彩、華麗歌舞；男星的款款深情，甜蜜情話，讓人著迷！對我而言，印度有種難以言喻的吸引力，同時也難以靠近！

過去寶萊塢電影還不像如今盛行，苦無管道多認識這類電影的我，直到透過網路、認識小瑪，才有機會因部落格得到許多資訊。身為歷史老師的她，不僅提供電影資訊，同時還融和文化、歷史解說，大大滿足我對於印度電影的好奇心！

然後，電影看著看著，當然也嚮往來趟印度之旅，可是電影與現實的落差，讓我有點卻步，直到某天小瑪規劃著她的印度自助之旅，偶然的機緣下，我居然搭上這趟旅行便車，也因此，與小瑪從網友變成摯友，說起來真是奇妙。猶記行前，小瑪豪邁的說：「我的朋友跟我一起旅行，一定也要美美的！」於是，她為沒有印度傳統服飾

的我們扛了幾套服裝，就在華麗的裝點下，印度之旅正式展開！從採訪南印大明星、購買印度傳統服飾與手環、孟買參觀露天洗衣場、古蹟參觀之穿越電影場景、旅程苦哈哈卻穿著華麗的背包客、穿梭泰姬瑪哈陵等景點拍夢幻照；旅伴因為遺失護照一起進警察局，意外地跟警察們變好朋友……。這場印度旅程充滿許多意外與收穫，每天在臉書打卡，都讓遠在台灣的朋友們不可思議，疑惑印度之旅怎麼這麼好玩！

超過十年的寶萊塢電影資歷，再加上理解印度，並對其宗教、歷史、人文、地理有深刻研究，所以小瑪帶著我們旅行時，總是可以隨時替我們解惑，譬如採買印度傳統服飾，這是蒙兀兒王朝的服飾？抑或是南印風格？是出席宴會的高級紗麗？還是樸實的居家服？沒有基本認識，真的很難正確穿搭！

看著小瑪的新書，彷彿復習印度之旅，許多電影密碼經過她的拆解，可以讓你對於印度，終於有初級的認識。如果你是電影愛好者，那這本書更不容錯過，因為了解這些密碼元素，你將驚奇地發現，世界上還有這樣充滿魔力，有點難解，卻又吸引著人們目光的地方。最特別的是，這是小瑪多年累積、練功的成果！如今我們卻只需要閱讀一本書，就可以讓自己闖入這個特別的國度，你說，是不是很划算的投資呢！

流動小瓶

本名盧佩秋，部落格「流動瓶子的幸福時光」，三個孩子的母親，擅長心理學、寫作、旅行、跳舞、電影賞析，已出版作品《好嗨喔！義大利愛玩客》與《好嗨喔！曼谷親子旅行》。

推薦序 3

印度，不可思議！

二〇〇八年二月某個月黑風高的夜晚，我無意間在電影台轉到了一部寶萊塢電影《奇魔俠》（KRRISH），看到男主角李提克・羅森（Hrithik Roshan）的瞬間，彷彿被雷劈到！那個綠中帶金的眼珠、帥氣中帶著純真的微笑、精實健美的身材，就像古希臘的美男子雕像活過來一般，還有充滿魅力的靈活舞姿，讓我整個人被電得暈頭轉向找不到北。怎麼也想不到，一直囿於刻板印象，對印度電影嗤之以鼻的我，就這樣為了一個男神，一頭栽進了印度電影的世界，影響了我往後十年的人生。

十年前台灣觀眾對印度的認識並不深，更別提印度電影！作者小瑪是少數很早就開始關注印度文化，並且持續、認真在部落格撰寫相關文章的作者，當時正為男神瘋狂搜尋印度電影資料的我，在找到小瑪部落格的當下真是覺得如獲至寶，馬上大膽留言搭訕她（害羞掩面），小瑪就這樣成了我人生最特別的朋友。

永遠忘不了第一次見面，在桃園火車站大廳，一位穿著純白阿娜卡莉（印度傳統服飾）的高挑女生，在人來人往的人潮中特別顯眼，但又特別的適合，上前相認後，小瑪疑惑的問我怎麼會認出她，我只能說，因為不會有人像小瑪一樣呀……（有點奇怪卻又理所當然的答案！）

身為歷史老師兼旅遊作家的小瑪，她的特別與耀眼之處，除了深厚的歷史知識和豐富的世界各地旅遊經驗，更重要的是還有著獅子座的爽朗豪氣與永遠十八歲的浪漫少女心，理性與感性兼具的她，永遠不會被媒體塑造的刻板印象侷限。不論是上課、演講或是撰寫旅遊著作，總能用宏觀又有趣的敘述，跟大家解說不同國家的歷史、文化、人文及風俗等各種事物，讓人覺得新奇又難忘。

這些年小瑪用書帶著讀者們遊過了馬來西亞，遊戲了北京，穿越了上海，終於輪到了印度，這個十年前讓我倆結緣的國家，一個不去不知道，去了嚇一跳，有的人被嚇到落荒而逃，有的人卻從此上癮，覺得去十次還不夠的神奇國度，真正應了它的觀光宣傳口號：**Incredible India**，不可思議的印度！

如果你還沒去過印度，就讓這本書為你打開新世界吧！或許你會發現印度原來是這樣，和你想的不一樣；如果你已經去過印度，更不容錯過這本書，精采內容或許會帶給你再多去幾次印度的動力。

阿曼達林
「阿曼達林撒花俱樂部」FB及同名部落格版主，印度電影腦粉。畢生最得意的成就就是跟朋友一起追星追到西班牙，對著印度電影明星們大喊：We come from Taiwan!

作者序

印度，不愛容易，愛上就會死心塌地

提起印度你想到什麼？治安不好？女性地位低？印巴邊境老是有問題？還是令人永遠無法明白的種姓制度？極上享樂與溫飽線以下的安貧微笑？還是，五彩繽紛的紗麗與鮮花，伴隨在空氣之中五味雜陳的香料瀰漫？

遠方傳來的清真喚拜聲與鑼鼓齊響的印度教節慶，三百六十五日天天交織在印度各地，形成一種衝擊各處感官的氛圍，這樣的國家，你不愛他容易，但愛上他就會死心塌地。

台灣朋友對印度的印象很單向，好的一面從各種世界遺產和「好像很多工程師感覺很厲害」，可能再多一點是咖哩好吃！奶茶好喝！紗麗很漂亮！不好的一面從髒亂到治安很差，google 一下可以看見排山倒海的訊息與謾罵。如果以旅遊面來說，大抵還是以純觀光路線的北印度金三角，或是恆河苦行路線為大宗。

至於印度電影，好像都要先以《三個傻瓜》當作開頭，它像是一個啟動鍵一樣，大家才能順利的把好看的電影與印度聯想起來。當然，最常聽到的還是很片面的認識，像是：很多歌舞、片長很長，認為寶萊塢代表了整個印度的電影工業。

作為一位長期喜歡印度文化，並且當印度電影的影迷超過15年的印度粉絲來說，市面上缺乏從娛樂及文化觀察層面來書寫印度面相的書籍，實在是相當可惜。印度這個世界面積前六大、人口超過13億人口的國家，五千年淵遠流長的古文明，不管是從宗教、歷史、世界遺產、飲食、娛樂等各個層面，都有相當豐富的文化底蘊值得探索。

電影是觀察印度這個國家各個層面，最淺顯易懂的方向；透過印度電影來認識真正的印度，才會發現「原來印度不是你想像的那樣」。這是坊間第一本從電影開始帶領讀者，認識印度這個國家多元層面的書。

破除網路迷思的偏執與一面倒，藉由印度電影，你可以看見歌舞昇平的背後有什麼真實的印度面相。從「印度良心」的阿米爾汗到「印度魔戒」的《帝國戰神：巴霍巴利王》，本書將帶著大家從印度電影觀察更多印度面貌。例如：《三個傻瓜》剖析高等教育以外，還可以看見什麼印度社會面貌；《來自星星的傻瓜》除了探討宗教迷信與衝突的議題之外，阿米爾汗還想告訴觀眾印度存在更多的不一樣，但卻在共融共存之中企圖取得和諧；從《隱藏的大明星》中看見男尊女卑的社會現象之外，印度穆斯林在印度教為大宗的社會還有什麼不為人知的故事……。

讀完這本書，我們再來驗證印度是否真的如此不思議。

目錄

Chapter 1

印度古文明：探究歷史、宗教、文化

Chapter 2

印度，原來如此！破除10大刻板印象

Chapter 3

印度美食樣貌：香料×奶茶×甜點×素食

Chapter 4

印度生活樣貌：紗麗×貧民窟×廁所×交通

Chapter 5

印度電影樣貌：不只寶萊塢！認識印度電影工業

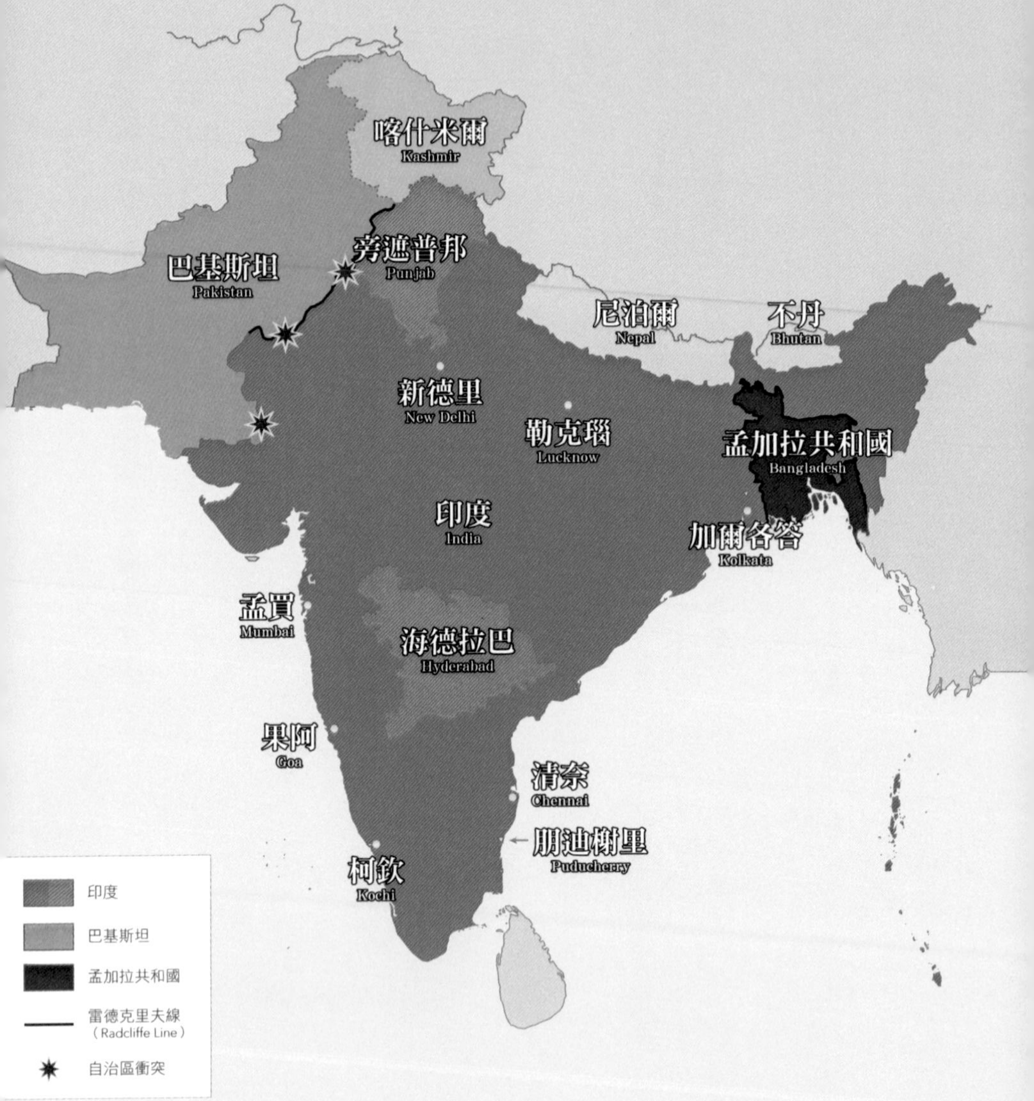

喀什米爾
Kashmir
旁遮普邦
Punjab
巴基斯坦
Pakistan
尼泊爾
Nepal
不丹
Bhutan
新德里
New Delhi
勒克瑙
Lucknow
孟加拉共和國
Bangladesh
印度
India
加爾各答
Kolkata
孟買
Mumbai
海德拉巴
Hyderabad
果阿
Goa
清奈
Chennai
朋迪榭里
Puducherry
柯欽
Kochi
印度
巴基斯坦
孟加拉共和國
雷德克里夫線
（Radcliffe Line）
自治區衝突

Chapter

1

印度古文明
探究歷史、宗教、文化

從印度河古文明一路到二十世紀脫離英國殖民，不管你是否喜歡印度，還是困惑於他們的各種人與事，但至少該初步理解這個國家的歷史、宗教和文化，與其行為表現有多少密不可分的關係。

1 西元前的阿育王，與中國唐朝的韓愈貶官有關係？

一位印度國王，一位唐代大儒，相差約一千年，究竟為什麼會有關係？

> 今聞陛下令群僧迎佛骨於鳳翔，御樓以觀，舁入大內，又令諸寺遞迎供養。臣雖至愚，必知陛下不惑於佛，作此崇奉，以祈福祥也。直以年豐人樂，徇人之心，為京都士庶設詭異之觀，戲玩之具耳……

一篇韓愈對唐憲宗的〈諫迎佛骨表〉讓他被貶了官，也見證了過去中國在唐代有過崇佛的時期。位於今日陝西省寶雞市的法門寺，當年唐憲宗就是在此恭迎釋迦牟尼的指骨舍利回宮中供奉，而遭到韓愈的上書勸諫。

從西安出發至法門寺約需兩個多小時，目前整個景區包含法門寺舊址、合十舍利塔、珍寶館。在法門寺的地宮中，保存兩千四百多件的金銀器、唐卡、珠寶玉石、金綉絲綢皇室衣裙等價值連城的古物。這是因為一九八七年的一場暴雨，把自清代以來因地震而傾斜的塔身，沖毀大半，當局重修佛塔時，才赫然發現了這兩千多件唐代留下的珍貴古物。這批橫空出世的寶物，最知名的莫過於釋迦牟尼的真身舍利，是佛教最高聖物。至於法門寺，也是目前佛教等級最高、歷史最悠久的佛塔地宮。

西法門寺裡的舍利子是阿育王贈給中國的聖物？

法門寺建於東漢末年，原名「阿育王寺」，距今已有近兩千年歷史。孔雀王朝阿育王統一印度後，弘揚佛法，把釋迦牟尼的舍利分成八萬四千份，分送世界各處建塔供奉，法門寺即是中國的第五處。西魏恭帝時，首次開塔瞻仰舍利，這座佛寺開始成為中國佛教四大聖地。唐朝時此寺改名「法門寺」，唐代許多皇帝崇尚佛教，從高宗、武則天、中宗、肅宗、德宗、憲宗、懿宗和僖宗這八位皇帝，就曾六迎二送，供養佛指舍利。據記載：「十年一開，則歲豐人和。」至唐僖宗最後一次送還佛骨時，將佛指舍利及數千件珍寶封入塔下地宮，用唐密曼荼羅結壇供養，這些寶物便埋入地下，直至二十世紀末才重現天日。

阿育王是誰？

印度幾千年的歷史中，屬於大一統的時期不多，而最早統一大部分印度南北的國王就是孔雀王朝的阿育王。孔雀王朝又稱摩羯陀國，最早是月護王旃陀羅笈多，率領當地百姓趕走亞歷山大帝國留下的一支軍隊，然後又推翻當地原來存在的難陀王朝，於西元前四世紀在華氏城建立新的孔雀王朝。阿育王就是這個王朝的第三代國王。

這個孔雀王朝在阿育王時代版圖達到巔峰，他也因為東征西討擴張版圖，殺戮無數。在滅掉最後一個羯陵迦國之後，決定放下屠刀立地成佛，之後開始大興佛教，派遣使者傳揚佛法至各地，讓佛教成為世界性的宗教。並且召開了佛教第三次的大結集，編纂《三藏》經典。

不過孔雀王朝在阿育王去世之後，開始分崩離析，舊有的婆羅門教徒開始重新發展宗教，佛教在印度的影響力漸漸式微，但佛教東傳與南傳卻造成改變世界的一股力量。

位在中國陝西省的法門寺，供奉著珍貴的佛祖指骨舍利。

★電影裡的阿育王

由印度天王沙魯克汗（Shahrukh Khan）與女星卡崔娜．卡普爾（Kareena Kapoor）主演的電影《阿育王》，敘述飽受宮廷鬥爭的王子Asoka，為了躲避太子的加害，便到各國流浪。途中遇到同樣來自宮廷鬥爭下脱逃出來的羯陵迦國卡瓦利公主與小王子，兩人在互相不知道對方真實的身分下互許終身。然而，隨著Asoka王子回到宮廷之中，開始腥風血雨的鬥爭、登上王位與一連串的征服與殺戮，他與卡瓦利公主最終在戰場上相見的故事。

電影中對佛教的部分並沒有太多著墨，僅敘述阿育王從小是個好勇尚武的庶子，自小建立不少戰功，引起太子的忌憚，是一般電影的完美、合理的鋪陳。不過，我們依舊可以從服裝及戰爭，想像那段古印度風雲錄。

◆相關電影作品：《阿育王》**Asoka**／二〇〇一年（印度）出品

PLUS

戒日王朝和唐朝還有「巴霍巴利王」也有關係？

印度的戒日王朝，曾與中國唐朝碰撞出許多火花。當時，玄奘去「西天取經」就是來到戒日王朝時期的印度。唐太宗曾三次派使節王玄策前往天竺（古印度），途經吐蕃（今西藏）順道去探視和親的文成公主。在王玄策第二次出使天竺時，使節團攜帶的金銀財寶引起了有心人士的覬覦，也遇到戒日王朝叛臣阿羅那順攻打，寶物遭到洗劫。王玄策雖然只是個七品小官，但寶物被劫事關大唐國威，他便繞道尼婆羅（尼泊爾）借兵數千。尼婆羅王看在他們國家的尺尊公主也嫁到吐蕃，與大唐文成公主一樣同為松贊干布的妻子，豪爽借兵。

話說印度的「大象兵團」有如神獸一般，其姿態時常震懾缺乏見識的他國士兵。為了解決這件事情，王玄策利用「火牛陣」衝破阿羅那順的大象兵團，成功奪回寶物挽回顏面，成為歷史上「一人滅一國」的傳奇。話說，這個七品小官打了勝仗，但知名度卻不高，據說他曾從天竺找來一位高僧，專煉可延年益壽的丹藥給唐太宗，但是太宗並沒有因此延壽反而加速駕崩，王玄策受到連累，導致退居史冊中不起眼的位置。

PLUS

至於跟印度神片「巴霍巴利王」有何關係？個人相當懷疑巴霍巴利王的導演S.S.Rajamouli翻閱史料，應該也發現了這段歷史，所以把「火牛陣」活靈活現地拍出來，透過高大威猛的戰神巴霍巴利王演繹，更加令人印象深刻，是不是！

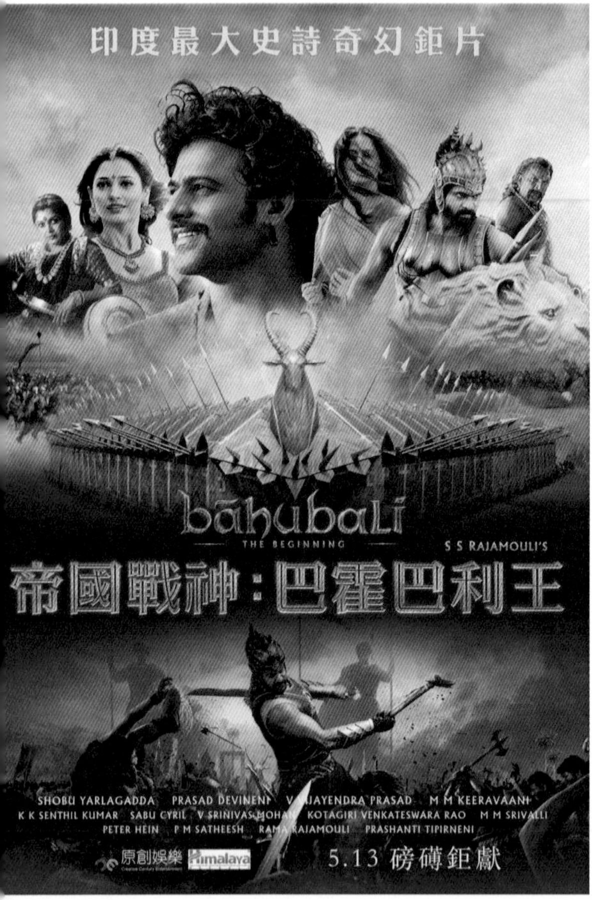

©原創娛樂）

2 不可不知的吠陀文化與眾神系統

二〇一五年寶萊塢巨星沙爾曼汗（Salman Khan）演了一部電影叫 Bajrangi Bhaijaan，中文翻成《小蘿莉的猴神大叔》（又譯：娃娃返鄉任務／回家），是一部關於一位印度教猴神「哈奴曼」的忠實信徒，費盡千辛萬苦跨越印巴邊境，護送六歲啞巴小女孩回巴基斯坦的感人故事。這位猴神「哈奴曼」在印度眾神當中知名度相當高，要了解千變萬化印度教的神話故事，可以先從認識眾神系統與阿利安人帶來的吠陀文化開始。

吠陀時代早期的眾神系統

在阿利安人入侵印度之後，形成外來的「吠陀文化」，這是古印度文明發展的重要開端，其中《吠陀經》成為了印歐語系諸民族中最早的文學經典，同時也是將印度神話有系統的整合出最早神話信仰系統的開端。

這段期間印度人崇尚自然多神信仰，眾神多為自然現象的神格化。眾神之首是因陀羅（Indra），他本為帶領阿利安人進入印度河流域的英雄，死後將他神格化成為眾神之首。在早期的吠陀神話當中，除了天帝因陀羅之外，另有火神阿耆尼、水神伐樓那、死神閻摩、太陽神蘇利耶和暴風神樓陀羅。

西元前五世紀出現一本名為《尼祿多》（Nirukta／又稱吠陀支）的書，是《吠陀經》的一本補充。書中提到印度神話中的世界觀，分成天、空、地三界。天界是人類無法看到的地方，空界是可以看得到的，而地界則是指大地。三界的代表神分別是：水神伐樓拿、天帝因陀羅及火神阿耆尼。

你不可不知道的印度神話「乳海翻騰」

到了「吠陀文明」後期，印度人信仰從自然崇拜的吠陀多神信仰，轉為以思考宇宙本源與創造的婆羅門信仰。雖然一樣是多神崇拜，但出現以主神為核心的趨向。這段時期婆羅門教的系統已漸完備，無論是崇拜對象、祭祀禮儀還是教義哲理都已然構成印度傳統文化的核心。

婆羅門教的三大主神毗濕奴（Vishnu）、濕婆（Shiva）及梵天（Brahma）在這段時間的確立，並取代了過去因陀羅等神話系統的地位；祂們從原來力量強大的主神變成次要的神，地位降低了一等，法力也有所削減。這些印度神的故事在古老史詩《摩訶婆羅多》及《羅摩衍那》裡有許多的呈現。其中最著名的「乳海翻騰」（The Churning of the Ocean of Milk），又被稱為印度教的創世紀神話。

「乳海翻騰」故事大意為在三大主神之下的印度神話體系，另有善神提婆（Deva）與惡神阿修羅（Asura）兩派。在印度，神的世界並非長生不老，因此創造之神梵天便與眾神協議，大家互相合作攪動象徵力量與生命泉源的乳海，讓乳海產生出能讓眾神長生不死的甘露（Soma）。因此眾神以須彌山為杵，毗濕奴化身為龜作為須彌山的底基，用來支持攪拌帶來的變動，七頭巨蛇那迦（Naga）當作轉動須彌山的繩索，然後提婆與阿修羅開始合力運轉攪動乳海，猴神哈奴曼據說也在一起幫忙攪動乳海的行列之中。乳海在長期的攪動過程中，出現了各種新生命，但也因為時間過久，乳海已經開始耗竭，可是甘露卻始終未出現；巨蛇也不堪拉扯而噴出毒液，汙染了人間，眾神不願人間受苦，央求毀滅之神濕婆吞下毒液，拯救眾生。

就在最後一刻，甘露終於從即將乾枯的乳海出現，善惡兩派的眾神開始搶奪。毗濕奴為了怕阿修羅把甘露喝光，還化身成跳曼妙舞姿的仙女，引開阿修羅的注意。在甘露被善神喝剩下最後一點的時候，又被從舞姿迷惑中清醒的阿修羅發現，搶過來喝了一口，隨即被眼明手快的毗濕奴發現砍斷阿修羅的頭。

但因為甘露已經到了阿修羅的喉嚨，所以阿修羅身體死去但頭卻還在，阿修羅發現是日神和月神向毗濕奴打小報告說自己有喝了甘露，從此以後只有頭的阿修羅便開始追逐日月，將祂們吃進嘴裡又再吐出來，因此出現了日蝕與月蝕。這段著名的「乳海翻騰」神話故事，是吳哥窟石雕的重頭戲，許多到訪的遊人們都一定不會錯過欣賞。

位在馬來西亞黑風洞裡的濕婆系神龕。

位在馬來西亞黑風洞旁的猴神哈奴曼神像。

冷知識：猴神哈奴曼跟孫悟空有關係？

哈奴曼（Hanuman）相傳是由風神和母猴所生，有四張臉八隻手。一出生即力大無窮，可以隨意變幻身形與長相，常常覺得太陽很好吃，有次想把太陽當果子吃掉，眾神之首因陀羅（Indra）要搶救太陽便用雷擊中了哈奴曼的額頭。

祂是毗濕奴神的第七個化身；羅摩（Rama）最忠實的夥伴與僕人。印度史詩《羅摩衍那》記載，羅摩的妻子悉多非常美麗，被羅波那綁架，羅摩王便一路追至今斯里蘭卡一帶，哈奴曼知道羅摩王需要祂的幫助，便一個箭步來到斯里蘭卡一同救出悉多。

在印度教裡，哈奴曼代表的就是忠誠、追隨主人之意。哈奴曼也因此在印度教的信仰裡也受人尊崇。胡適認為《西遊記》裡的美猴王孫悟空的原型，很有可能是印度進口的形象，這個說法也獲得不少人的認同與支持。

★電影裡的猴神形象

猴神哈奴曼因為《羅摩衍那》史詩中的忠誠正義的形象，在印度有非常多的信徒，由印度３Ｋ天王之一的沙爾曼汗（Salmam Khan）主演的《小蘿莉的猴神大叔》（又譯：娃娃返鄉任務／回家），就是一名猴神哈奴曼的追隨者，秉持著助人與說到做到的精神，幫助一位走失的聾啞小女孩，歷經千辛萬苦，偷渡、闖關印巴邊境，九死一生的成功將小女孩從印度返回巴基斯坦，送她回家的感人故事。

◆**相關電影作品：**《小蘿莉的猴神大叔》**Bajrangi Bhaijaan**／二〇一五年（印度）出品

PLUS

為什麼印度教徒要拜濕婆神的陽具「林迦」？

在印度教的神祇體系當中，位列三大主神之一的濕婆神（Shiva）是破壞之神，但為什麼人們要去敬拜一位破壞之神呢？

印度是最早有數字0這個概念的國家，在他們的宗教觀念中有所謂的「不破不立」，簡單來說沒有破壞就沒有再生，所以濕婆神的破壞之力就起了很大的作用，以期待來世的高種姓印度人們，創建一個想像中的美好未來。所以破壞的另一個定義就是「再生」。

不過這位濕婆神，雖然名字裡有「婆」這個字，但他卻是不折不扣的美男戰神，大概可以把他想像成是印度神版的「蘭陵王」吧！他除了法力高強，驍勇善戰之外，同時也是創造瑜伽之神與舞蹈之神。宗教神話當中當梵天創造的一個時代要結束時，濕婆神就會跳著「毀滅之舞」（坦達瓦之舞）世界就會毀滅，然後再重新循環一次。（註）

濕婆神的生命之力也表現在他的性能力上，據說濕婆神和烏瑪女神（他的老

PLUS

婆雪山神女的其中一個化身）房事一次就長達一百年之久，眾神相當佩服讚嘆，便央求他將精液射出滋潤大地，於是濕婆神的精液就成為印度生命之河：恆河（Ganga River）的由來。看到這裡，大家能明白印度教當中敬拜濕婆神的廟，為什麼都有林迦（Linga）的身影了吧！

孟買象島石窟敬拜濕婆的神廟，裡面就有「林迦」。

【註】在印度教創世紀神話中，人的一年相當於神的一日，神的一千年相當於梵天的一日。梵天初醒，萬物重生，梵天入眠，則萬物毀滅，如此循環不已。

3

什麼是種姓制度？

種姓制度是印度社會秩序中的一種核心，它是隱藏版的標準及人際關係準則，所以即使印度憲法已經明文規定廢除種姓制度，但這個幾千年來拉扯印度人價值觀的制度仍在社會裡如影隨形。

瓦爾納階級

一般從課本上學習到的種姓制度，與古印度的吠陀時代息息相關。最初的種姓制度是來自中亞的亞利安人，在征服印度原生人種達羅毗荼人之後，對其施行奴役，認為膚色白的亞利安人是階級高貴的種姓，膚色深的土著是階級低賤的種姓而設定的。為了避免血統混淆，所以產生了種姓制度。

四大種姓分別是由梵天的嘴、手、腿、腳依次所產生的婆羅門、剎帝利、吠舍、首陀羅等四個階級。在種姓之外，還有被稱為不可接觸者的賤民：達利特（Dalit）。

FC	FC	OBC	OBC	SC/ST
梵天的嘴	梵天的手	梵天的腿	梵天的腳	賤民
婆羅門	剎帝利	吠舍	首陀羅	達利特
有重生資格	有重生資格	有重生資格	無重生資格	無重生資格
配戴棉質聖線	配戴麻質聖線	配戴毛質聖線	無資格	無資格
不 可 通 婚				

前三種都具有重生的資格，但首陀羅和賤民是沒有的。種姓之間不許通婚，這樣的系統又稱為瓦爾納階級。

婆羅門階級的男性身上會配戴棉線為材質的聖線，每年滿月節（八月下旬）在聖河、聖湖中沐浴祈禱後更換棉線。，剎帝利則是配戴麻線、吠舍是毛線。首陀羅及達利特則是沒有資格配戴聖線。

目前印度人的姓氏分類

目前任印度人的身分都按「列表種姓」（Scheduled Castes，簡稱SC），「列表部落」（Scheduled Tribes，簡稱ST）、其他落後階層（Other Backward Class，簡稱OBC），以及「先進階層」（Forward Class，簡稱FC）予以劃分。傳統當中屬於達利特階級的人會被劃為SC、原住民則被劃為ST，而不屬於這SC和ST在傳統上是屬於吠舍及首陀羅的人則被劃為OBC，除此之外的就是所謂的「先進階層」FC了。

印度總理莫迪（Narendra Modi）屬於OBC，傳統種姓階級是吠舍，而印度曾經有兩位總統出生達利特階級SC，包括現任總統考文德（Ram Nath Kovind，2017—）。

印度電影圈裡的種姓制度

在南印度許多明星出生OBC種姓，南印度電影界巨星拉姆・查蘭・特哈（Ram Charan Teja）在二〇一三年主演了一部《桎梏》（Zanjeer Remake），劇中的男主角是一位出身剎帝利階級的警察，因此接演這樣的角色對他來說是加分的效果；反之，如果他接演的角色是種姓之外（達利特階級），恐怕就會遭受該階級的人反對。這是在其他地方的影視圈不會出現的情形。

寶萊塢的明星則大多出生吠舍階級，但鼎鼎有名的卡普爾家族（Kapoor）家族則出自剎帝利，這個家族可以說是占掉了三分之一以上的寶萊塢江山。至於3K天王的阿米爾汗（Aamir Khan）、沙魯克汗（Shah Rukh Khan）、沙爾曼汗（Salman

Khan），他們來自穆斯林家庭，理論上來說，應該不會被列入屬於印度教的種姓制度當中，但是當穆斯林進入印度社會之後必須要融入當地的社會準則規範，因此依照從事的職業，屬於印度穆斯林的種姓，也漸漸的形成了。

但是不管是什麼種姓，在印度電影圈當中，家庭背景絕對是比種姓高低還要重要的助力，男女演員們除了外貌出眾、擅舞及演技外，皮膚白皙是另一個加高分的標準。雖然皮膚白並不一定就是高種姓，但追求「白富美」儼然是印度的全民運動與羨慕的層次。

無論如何，如果你在印度當明星受歡迎的程度能夠達到像沙魯克汗的等級，你是什麼種姓已經沒有人在乎，因為在印度當天王大明星簡直就是神一般的地位，那是另外一套標準，種姓制度在大明星的身上似乎不是那麼重要了！

★電影裡的種姓制度

在印度電影中討論到種姓的例子不勝枚舉，在電影《只要為你活一天》中，女主角因為半夜到曾經坐過牢非婆羅門種姓的男主角房間裡被發現，被父親認定敗壞門風，所以直接當眾宣布自己沒有這個女兒，並且歡迎大家擇日到家中參加這個女兒的喪禮。以意象上來說，這就是一種種姓制度的「光榮處決」，但並非真的把女兒殺了。後來男主角問女主角要怎麼樣才能讓她的父親回心轉意原諒她，女主角說除非她嫁給印度理工大學畢業，婆羅門階級某幾個特定高種姓的男子，可能有轉圜的餘地。在這部電影當中，還是可以看到許多強烈的種姓制度，存在現代印度社會當中。

至於由沙魯克汗（Shah Rukh Khan）還有伊凡可汗（Irrfan Khan）合演的《寶萊塢之麻吉大明星》是說，伊凡可汗所飾演的比魯（billu）因為娶了低種姓的太太，為了兩人的安全，於是選擇逃離原來居住的村落，並與家人斷絕關係，導致在新環境重新開始的他一直很辛苦。但在比魯小時候家裡環境尚可之時，曾幫助過更窮困的沙魯克汗，還買了車票讓他去孟買追夢，直到沙魯克汗成了大明星，並且來到了比魯所住的窮困村落拍戲，於是一連串感人又笑中帶淚的故事便就此展開。

所以說，如果你不能了解種姓制度在印度的隱藏版力量，那麼你會遺漏了很多觀察印度社會面相和他們影視作品中的內涵。

◆**相關電影作品：**《寶萊塢之麻吉大明星》**Billu**／二〇〇九年（印度）出品
《只要為你活一天》**Sanam Teri Kasam**／二〇一六年（印度）出品

4 為什麼要把女孩嫁給一棵樹或一隻狗？

在印度教社會的傳統觀念下，認為貌美的女性有剋夫命，解決辦法就是要先讓那名女性嫁給一棵樹或一隻狗，然後才能正常的嫁人。本來以為這樣的景象和觀念，應該只會出現在農村或是落後、教育沒有普及的地方，但當你知道大名鼎鼎的寶萊塢女明星艾許維亞．雷伊（Aishwarya Rai）為了能夠順利嫁給寶萊塢赫赫有名的巴占家族之子阿彼謝克．巴占（Abhishek Bachchan），竟然也是先嫁給一棵香蕉樹，破除因為長得太漂亮可能會剋夫的厄運，然後才順利嫁入豪門的事件之後，才理解這個連寶萊塢大明星都如此遵循的傳統觀念，可想而知，在印度農村就是「時有所聞」。

占星師說要嫁給一棵樹……

某種程度上來說，印度人是迷信的！就跟傳統華人社會也會因為八字或是「算命的說……」就改變人一生中某些生活規範或細節。在台灣，我們常聽到的是：算命的說我不能吃牛肉、算命的說我不適合開車……。那麼在印度，當你聽到印度人因為「占星師說」你的星盤有問題，所以誰誰要先嫁給一隻狗和一棵樹，也就不要那麼驚訝了！

其實不光是女性會遇到這樣的待遇，男生也有可能因為八字或星盤問題要破解命運的困境，所以得要先娶一頭牛當太太，然後才有可能有機會結婚。二〇一七年印度賣座強片《廁所：一個愛的故事》當中的男主角，就是因為八字不適合結婚而導致晚婚，然後不得不先娶一頭牛，才迎來生命中真正相伴的愛人新娘。

因為嫁妝，所以必須嫁給一隻狗

有人說，在印度你想要詛咒一個人，最好的台詞就是祝福他一直生女兒。天曉得一個貼心的女兒是多麼好的事情！但在印度普遍是重男輕女的社會之下，很多人因為無法負擔龐大的嫁妝，也不想因此影響女兒嫁人之後的生活會面臨婆家的刁難，所以在可能的範圍下，父母都會為了女兒的嫁妝早早就開始存錢籌畫。女兒生越多，對於生活在溫飽水平線上下的普羅百姓，真的是一個沉重的負擔。

那麼真的付不起嫁妝該怎麼辦？所以有的時候會在新聞看到貧窮少女嫁給樹、石頭、狗……，並且要她之後也不能再嫁給別人，得一生視這些非人類的婚配對象為先生。此舉，對絕大部分女孩來說是相當殘忍的。可是，這也是解決家庭困境的一種方法，而且這樣的女孩可以免於因為貧窮而在將來被婆家虐待，當然也可以免於因嫁妝問題而嫁不出去的老姑娘，面臨周遭異樣眼光與訕笑；或許這也是有程度的減少女孩被隨意欺負的機會。從另一種角度來說，這樣看似荒唐的行徑，何嘗又不是保護女孩的另一種方法？

★電影裡呈現嫁妝有多重要的情節

台灣朋友都很熟悉的印度電影《三個傻瓜》，當大家都在討論印度高等教育的議題時，其實電影中也有呈現出拉加的家庭因為貧窮而無法負擔嫁妝，導致平凡的姐姐一直無法嫁人，留在家裡成為拉加心裡負擔的情節。他想好好念書出人頭地，有一份好工作以後就可以幫姊姊存嫁妝了。可是，拉加也因為家庭壓力太大，以及內心的自卑與怯懦，讓他一直沒辦法好好走自己的路，內憂外患之下他選擇跳樓。電影中兩位好朋友為了喚醒他，於是藍丘不惜說出「法漢會娶你姊姊」的話，要他不用擔心嫁妝了，快點醒來吧！

這段劇情的鋪陳笑中帶淚，卻也血淋淋地呈現了印度社會中，嫁妝對於一個家庭來說，不僅是父母需要打算，就連兄弟都要為自己姊妹的嫁妝盡一份力的寫實情況。

◆**相關電影作品：《三個傻瓜》3Idiots**／二〇〇九年（印度）出品

5

塔利班政權破壞的「巴米揚大佛」與印度有何關係？

佛教在西元前六世紀創立的時候，並沒有代表人物的符號或模樣，最早是用腳印、法輪、菩提樹等物件當作佛教的符號意象。這個宗教在西元前四世紀的孔雀王朝時期，曾經興盛一時，後來隨著阿育王的去世而走下坡。再度於印度興盛的時候是西元一至三世紀的貴霜王朝。

貴霜王朝主要位置在印度恆河流域至中亞塔吉克一帶，涵蓋今日的阿富汗。由於地理位置扼守絲綢經商之路的交通要衝，非常富有且國勢強大，與當時的波斯、中國漢朝及羅馬帝國，均為世界的佼佼者。

佛教人像藝術化的先驅：犍陀羅

由於西元前四世紀時的印度河流域，曾受到亞歷山大東征的影響，因此貴霜王朝的藝術發展融合了希臘的影子：高挺的鼻子與五官輪廓，外加希臘式皺褶卷衣。當崇尚佛教的貴霜王朝興起後，連帶著佛教的藝術也開始蓬勃發展。佛教人像化的情況逐漸普及，當時的佛像是接近西方人的模樣，與現在熟悉圓潤福泰的彌勒佛形象相差甚遠。（這是後來佛教東傳中國以後，中國化的另一表現，不在此贅述。）

總之，這樣的佛教人像藝術化，成為貴霜王朝的象徵之一，它有個專有名詞叫作「犍陀羅」。也因為此時絲綢之路大開，一直到七世紀伊斯蘭教興起之前，在這幾百年間，隨著往來商旅的信仰，讓佛教石窟、佛像雕塑在中亞一代興盛，其中又以西元六世紀所建造的「巴米揚大佛」（Shahmama）最為世人所熟知。

這座巴米揚大佛是由砂岩山壁所雕鑿而成，巨大壯觀的佛像從六世紀開始矗立在今天的阿富汗境內。七世紀時的玄奘大師，曾經親眼目睹過這尊大佛，並且在回到唐朝之後，與弟子辯機合著《大唐西域記》，敘述了巴米揚大佛的情景。玄奘當時稱這裡為「梵衍那國」（就是電影《通天神探狄仁傑》裡面有提到的梵衍那國書，就是指這裡）。可惜這座大佛歷經一千多年之後竟風雲變色，在印度蒙兀兒帝國時期，奧朗哲布就曾經下令破壞大佛，但破壞效果有限。

這尊屹立一千多年的巴米揚大佛，在塔利班專政實行嚴格伊斯蘭原教旨主義期間，「嚴禁偶像崇拜」成為壓垮大佛的最後一根稻草。二〇〇一年被阿富汗塔利班領導人下令用炸藥炸毀，因為大佛與山壁連在一起，動用炸藥及戰車花了數天，才徹底的將大佛毀去，成為世界遺產當中最令人遺憾的一處。同時期，塔利班也順便把阿富汗其他數千座佛像毀壞，可以說是一場「塔利班滅佛運動」。

為什麼會有塔利班？

「塔利班」在阿拉伯語是學生的意思，因此又被稱為「神學士」。創始人是曾擔任阿訇及宗教學校校長的穆爾維・奧馬爾。為什麼他會從一位老師變成塔利班領導人？故事就要從阿富汗的鄰居前蘇聯說起了……

在歷史上西化後的俄國，對於取得不凍港一直相當在意。所以俄國十九世紀陸續對清朝蠶食鯨吞，也跟鄂圖曼土耳其打過好幾次俄土戰爭，為的就是要不凍港。

帶領西化的彼得大帝曾說：「不論誰繼承他的王位，都應該向南推進到君士坦丁堡和印度。」因為只要統治那裡，就將能統治世界。他曾說：「當俄羅斯可以自由進入印度洋的時候，就能在全世界建立自己的軍事和政治統治。」阿富汗恰好就在俄國的野心範圍之內。

一九七九年前蘇聯入侵阿富汗，激起了阿富汗及其他穆斯林的激進反抗，戰爭進行了將近十年，國際關係正處於冷戰之下，美國開始在阿富汗扶植勢力對抗蘇聯。阿富汗戰爭結束後，蘇聯撤兵，可是擁有石油的阿富汗持續成為各國角力的犧牲者，阿富汗的政局混亂不堪，可以用類似民國初年的軍閥混戰這樣來形容。

本來擔任老師的穆爾維•奧馬爾，一九九四年因為不滿軍閥欺壓百姓的行徑，號召一群學生反抗，將該名軍閥打死，獲得百姓支持。「塔利班」就是在這樣的情況下成立。有許多之前打過阿富汗戰爭的士兵，紛紛加入這個組織，希望能夠改變阿富汗的現況。「消滅軍閥，恢復和平，重建家園」成為口號。

一九九六年塔利班組織打進了阿富汗首都喀布爾，成立「阿富汗伊斯蘭酋長國」又稱「阿富汗塔利班政權」，至二〇〇一年這段時間成為阿富汗實際領導者，實施獨裁專制及政教合一，並實行極端嚴格及反現代的伊斯蘭教法。這個政權在「911事件」後多次提供庇護給奧薩瑪•賓拉登，於是同年被北大西洋公約組織及反塔利班的阿富汗組織「北方聯盟」擊潰，塔利班從此走向武裝游擊的路線，戰火至今不斷。

★電影裡的塔利班政權

二〇〇六年印度有一部走黑色幽默路線的電影《喀布爾快遞》，全片幾乎無歌舞，講述的是神學士（又稱塔利班政權／Taleban）在阿富汗戰亂下，兩名印度記者與阿富汗司機及巴基斯坦塔利班士兵在公路上發生的故事。在電影中用了許多印度電影的幽默笑點，在烽火及衝突一觸即發的戰區，因為耳熟能詳的印度電影明星，拉近了電影中前往富汗採訪的印度記者與塔利班士兵之間的距離，也同時拉近了觀眾的距離。可見，印度電影娛樂力量真是無遠弗屆啊！

電影中的美國女記者因為拍攝塔利班士兵的臉，而被要了三百美金，但塔利班士兵沒有把錢花掉，而是在有家歸不得的情況下，偷偷的把錢放在家門口。他不能回家見女兒一面，女兒也只能趁父親的車遠去之後，走出家門，悄悄地掀起頭巾，默默地凝視遠去的父親與塵土飛揚的荒景，這一段拍出了政治與戰爭之下，受苦的百姓在心底最深沉的無奈，相當賺人熱淚，值得深思。

◆相關電影作品：《喀布爾快遞》**Kabul Express**／二〇〇六年（印度）出品

6

印度哪些城市穆斯林比較多？

在印度，信仰伊斯蘭教的人口大約占10％至13％的人口。以十三億總人口來算的話，印度有將近一億五千萬的穆斯林，80％屬遜尼派。不可不說，這一個相當龐大的族群。穆斯林的影響力光是從寶萊塢電影界的 3 K 天王就可以看出端倪了。

那麼，究竟印度那些城市是穆斯林人口比較多的呢？除了印巴邊境的查謨·喀什米爾邦（Jammu and Kashmir）之外，印度的穆斯林主要集中在北方邦（Uttar Pradesh；著名城市阿格拉／Agra，首府勒克瑙／Lucknow）、西孟加拉邦（West Bengal；首府加爾各答／Kolkata）、比哈爾邦（Bihar；首府巴特納／Patna 過去曾是孔雀王朝的首都，舊稱華氏城）和安得拉邦（Andhra Pradesh；首府海德拉巴 Hyderabad）。

白蒙兀兒人與穆斯林公主的愛情

十九世紀英國殖民印度期間，有不少金髮碧眼的英國人來到印度工作，進而與當地的女子談戀愛，生下了「土生印度白人」。這種骨子裡流著印度血液或是喜歡印度文化的白種人，又稱作「白蒙兀兒人」。

一七四二年，蒙兀兒帝國的宰相尼扎姆爾（Nizamul Nulk）撤退至海德拉巴（Hyderabad），正式反抗、逼迫蒙兀兒帝國皇帝任命他為海德拉巴的省督。到了十九世紀，一位出生在印度清奈的土生印度白人詹姆斯・阿基里斯・派翠克（James Achilles Kirkpatrick，1764—1805）上校，愛上了海德拉巴總理納瓦布・馬哈茂德・阿里汗（Nawab Mahmood Ali Khan）的孫女凱爾尼薩（Khair-un-Nissa），還為她改變信仰成為穆斯林。

因為他的特殊身分，詹姆斯還一度成為雙面間諜。詹姆斯上校與凱爾尼薩在這段時光裡，於海德拉巴的宅邸度過一段美好的小日子，這座院柯提院落（Koti Residency）現在都還是當地的著名景點。

後來兩人的祕婚以及詹姆斯的穆斯林身分，還是在加爾各答的社交圈傳開，當時新上任的印度總督是個帝國主義支持者，對於親近蒙兀兒文化，致力於英印交流的路線完全不支持。詹姆斯也就在這樣的情況下被叫去訓斥，在啟程前身體就已經不適的他，在舟車勞頓當中，幾乎剩下半條命地到了加爾各答，之後也面臨被解職的下場，最後在加爾各答去世。

在海德拉巴苦等先生歸來的凱爾尼薩，不顧貴族及穆斯林婦女不單獨出行拋頭露面的規定，自行前往加爾各答，就為了要到心愛的人的墓地致意，並且在當地住下，希望能夠陪伴詹姆斯。詹姆斯生前的助手亨利•羅素（Henry Russell）成為凱爾尼薩在加爾各答唯一熟悉的人，兩人越走越近，直到最後成為公開的戀人。這樣的身分，讓後來回到海德拉巴的凱爾尼薩不受到家族的歡迎，亨利最後也為了事業版圖娶了葡萄牙籍的太太，離開了凱爾尼薩。

傷心欲絕的凱爾尼薩搬離了海德拉巴的大宅，最後在郊區的小房子中去世，過世時才二十七歲，但她的一生卻比絕大多數的印度女性來得更為轟轟烈烈，因為她擁有當時的女性一生都不曾擁有過的自由戀愛與浪漫熱戀，而這段印度貴族之女與英國「白蒙兀兒人」的愛情流傳至今，依舊是海德拉巴為人津津樂道的故事。

★電影裡的穆斯林比較多的城市

雖然上面列舉了許多穆斯林較多的城市，但電影《隱藏的大明星》還有《寶萊塢之一代梟雄》（Raees）當中的男女主角都是來自古吉拉特邦的穆斯林。古吉拉特邦鄰近巴基斯坦信德省，因此穆斯林人口多也是可預料的。

電影中少女茵希雅（Insia）在父親強烈反對下，仍對音樂有狂熱，她的媽媽幫她想一個辦法可以讓更多人聽到她唱歌，但又不至於因拋頭露面而被父親發現。於是穿上全黑布卡罩袍，自彈自唱的茵希雅，初試啼聲就在youtube獲得百萬人氣迴響。她的歌聲也被孟買的音樂製作人沙克帝・庫馬爾（Shakti Kumar）相中，於是一位才就讀中學的小女生，開始了往返家鄉住所的巴羅達到孟買的一日錄音行程。實際上位在古吉拉特邦的巴羅達，擁有自己的機場，鄰近馬哈施特拉邦（Maharastra）的孟買，飛行時間是一小時，所以劇情裡的一日錄音行程是完全可行的計畫。

◆相關電影作品：《隱藏的大明星》**Secret Superstar**／二〇一七年（印度）出品

隱藏的大明星

7 錫克教徒戴頭巾，不戴安全帽？

印度是個聯邦制的國家，轄下有29個邦。在印度走南闖北時，會發現某些邦騎車不用戴安全帽；有些是騎士要戴，但是後座的乘客不用戴；還有些是兩者都會戴。一開始，我以為這個是與天龍國及其他縣市執法程度的差異（誤），後來問了當地人，才發現除了各邦的法律規定有所不同之外，有一種人是不用戴安全帽的，那就是錫克教徒。

錫克教興起於十六世紀的印度北方，由第一代上師那納克（Guru Nanak）開始，歷經十代上師，一百多年的努力，成為印度新的重要宗教。其中第十任上師戈賓德・辛格（Guru Gobind Singh）除了規定自他以後由錫克教《聖典》（古魯・格蘭特・薩哈布 Guru Granth Sahib）取代上師，成為錫克教的最高權威。此外，也宣布男錫克教徒必須在身上配戴「５K」，彰顯錫克教的特質。

５K分別是：「配短劍／kirpan」表現追求真理的信念、「穿短衫／Kacchera」

位於阿姆利則的金廟，是印度錫克教徒的聖地。（© 阿曼達林）

可以與印度教的長衫做區隔，並且隨時準備戰鬥或防禦、「戴鋼鐲／kara」象徵教友團結、「帶木梳／kanga」保持潔淨、「蓄鬍髮／kesh」男人從出生就必須留髮，代表對神創造人的崇敬。這5K有將錫克教的道德精神與軍事互相結合的意味，由於錫克教創始人那納克來自種姓制度的剎帝利階級，留著貴族與武士血液的他們，多半尚武並忠誠。

尤其是「蓄鬍髮」是錫克教成年男性的正字標記，他們必須用頭巾將長髮包裹起來，在公共場所摘下頭巾是恥辱行為。不過幾年前一位錫克教徒在街邊急救傷患，不假思索的解下自己頭巾為傷者止血包紮，這個行為獲得讚賞與好評！在生命與教規之間，錫克教徒還是能視當下情況取捨緩急。也因為頭巾的形象太過鮮明，所以比較多身形高大威猛的錫克教徒，就成為一般人對印度人的第一印象，於是順其自然地，也因為頭巾與他們的長髮是最天然保護頭部的屏障，因此印度法律也就規定錫克教徒不需要戴安全帽。

文學裡的錫克教徒

《小公主》（A Little Princess，又譯莎拉公主）這個英國兒童文學，曾多次被翻拍成卡通及電影。裡面最令人印象深刻的就是小公主莎拉落難，移居簡陋閣樓後，每天都會從對面跑來一隻猴子來陪她解悶，猴子的主人就是一位擔任管家的錫克教徒。他忠心耿耿的服侍著老主人，也在能力範圍之內，盡量的滿足小公主的幻想，讓她的閣樓充滿驚喜。在嚴格的英國女子寄宿學校中，透過莎拉公主過去曾隨著父親在印度居住過的回憶，以及這位錫克教管家，讓故事增添了奇幻的印度風格。忠誠可靠形象的管家，也就是錫克教徒給人的印象。

冷知識：為什麼叫「印度阿三」？

十九世紀中期，位於印度北方旁遮普地區的錫克帝國不敵英國東印度公司侵略，投降於大英帝國，因此許多驍勇善戰的錫克教徒開始成為大英帝國印度軍隊中的主力。隨著新帝國主義的擴張，在日不落國統治範圍內看見包頭巾的錫克教徒，是很多人對印度人的最初與第一印象。

二十世紀初期的上海英國租界，便有許多印度籍士兵擔任守衛工作。在當時的上海與香港，能夠在大飯店、高級舞廳及權貴人家，看見門口有請兩位錫克教裝束的印度人擔任門房，是一種富貴時尚的表現。據說，印度人喜歡在開口前加一句：I say……，來向中國人炫耀會講英文，中國人聽久了就在前面加個習慣的「阿」字來稱呼這些「落英文」的印度人，久而久之「阿 say」就變成諧音「阿三」。

還有一說，不管是在上海租界或是香港，當時只要是英國殖民地的人都會稱呼警察或長官為 sir，而穿著制服的印度人因為常常要向長官敬禮，中國人便在 sir 之前加了個「阿」字來稱呼印度人的行為。「阿 sir」叫慣了之後，大家看見錫克教裝束的印度人就統稱「阿 sir」，叫著叫著就變成諧音「阿三」了。

不管是阿三還是阿四，其實這種稱呼都有貶低的涵義在裡面，就像當初中國人叫日本人是鬼子一樣。所以，下次就別再把印度跟阿三連在一起啦！因為這是上個世紀流行，但現在已經不流行的詞彙了。

★電影裡的錫克教徒

二〇〇八年印度寶萊塢有一部《辛格為王》，就是一部典型有著錫克教徒個性特色的幽默喜劇。電影劇情類似美國一九六〇年代的《錦囊妙計》（Pocketful of Miracles），後來成龍也翻拍成《奇蹟》這部電影。內容大致上就是一位常闖禍但憨直的混混，誤打誤撞成為黑社會老大的替身，因為想要幫助一位賣花的婆婆，讓婆婆可以很有面子的迎接從國外回來的女兒及未來女婿，導致笑料百出的電影。

電影男主角是寶萊塢一線男星阿庫謝・庫馬（Akshay Kumar）與漂亮寶貝卡崔娜・卡芙（Katrina Kaif），影片中大量場景在澳洲取景，還有在埃及金字塔前的歌舞場面。其中一句對白：「幫助別人是錫克教徒天生的使命！」道出了這個宗教的核心精神。

第十位上師戈賓德．辛格除了規定5K之外，還規定每位男教徒名字後面都要加上Singh（辛格／意為雄獅），而女教徒則是加上Kaur（考爾／意為公主）。所以光是看到片名，就可以明白這是一部十足十具有錫克教風格的電影。

◆相關電影作品：《辛格為王》**Singh is Kinng**／二〇〇八年（印度）出品

8 印度塔塔集團老闆是拜火教徒

相信你一定聽過塔塔汽車，一台不到十萬的便宜價格，可以讓更多印度人能夠買得起車子。塔塔汽車想要改變絕大多數住在農村的印度人日常出門、行動的方式，而它就隸屬於印度最有名，也是最大的塔塔集團。

崛起於英國殖民時代的塔塔集團

十八世紀下半葉以後，英國開始積極發展工業，印度龐大的市場與勞工，以及源源不絕的棉花，成為英國最大的助力。一八六一年至一八六五年的美國南北戰爭，又更加促使印度成為英國數一數二的棉花來源！十九世紀，英國為了因應原物料運送，造就印度發展出便捷又密實的鐵路網。鐵路建築讓印度成功發展自己的工業，塔塔集團的創始人賈姆謝特吉．塔塔（Jamsetji Tata，一八三九～一九〇四）就是其中佼佼者。

賈姆謝特吉．塔塔生於古吉拉特邦，13歲就開始在父親的工廠幫忙，當他20幾歲的時候用21萬盧比開始經營貿易公司，之後看中印度的棉紡織業，開辦了「女皇紡織廠」，接著在一九〇七年成立塔塔鋼鐵廠。他的事業觸角遍及紡織、工業、水電、科技及飯店。至今，孟買的奢華地標泰姬瑪哈飯店就是由他興建的。

什麼是拜火教？

也許塔塔之父大家都聽過，但很多人不知道賈姆謝特吉・塔塔是印度少數信仰瑣羅亞斯德教（Zoroastrianism，又稱祆教、拜火教）的帕西人（在印度信仰瑣羅亞斯德教的信徒就稱為帕西人）。

這個宗教崛起於三千五百年前，源於古波斯（今伊朗和阿富汗）地區，並逐漸壯大，是波斯阿契美尼德帝國（549 BCE ~ 331 BCE）和波斯薩珊帝國（224 BCE ~ 651 CE）時期的國教，並且也是當時世界上最多人信仰的宗教。他崇尚善惡二元論，善神「阿胡拉馬茲達」和惡神「阿利曼」掌管天地秩序，並且有所謂的「末日審判說」：每個人都有自由意志去行善或是行惡，但最後會依生前行為進行審判。這樣的宗教觀念，給予當時的信徒很實在的道德教育。加上，這個宗教也因為沒有神職人員、沒有占卜、沒有各式各樣的神話，因此被認為是相當理性的宗教。

七世紀以後隨著伊斯蘭教興起，波斯帝國被穆斯林征服，大量信徒被迫改信伊斯蘭教。在這段期間，有一支波斯人的分支就逃亡到印度，在異國開始新的生活並堅持信仰瑣羅亞斯德教，這樣的人在印度稱為「帕西人」。

冷知識：香港大學也是帕西人捐款興建的

帕西人人數不多，但是佼佼者倒是不少。除了印度塔塔集團之父以外，在十九至二十世紀，也有不少帕西人來到香港發展。帕西人善於經商，所以一百多年前他們在香港發展炙手可熱，例如香港渡輪公司「天星小輪」的創始人米泰華拉（Dorabjee Naorojee Mithaiwala）以及律敦治醫院創辦人律敦治（J. H. Ruttonjee）都是帕西人。在香港的跑馬地，甚至有一座「拜火教墳場」。

香港大學當初會創辦，以及至今香港還有很多街道名稱，都與帕西人有關。其中尖沙咀有一條「麼地道」，名字就來自「麼地爵士」（Sir Hormusjee Nowrojee Mody）。他是一位帕西人，到了香港以後做過很多行業，並且都做得很成功。麼地爵士在當年的港督盧吉和港督夫人的邀請下，捐出十五萬港元出來，帶領了香港大學的成立，今天的香港大學建有他的銅像以茲紀念。

★電影裡拜火教形象

瑣羅亞斯德教就是我們慣稱的拜火教，這個名詞在金庸武俠小說《倚天屠龍記》裡有鮮明的描述，許多人心中的夢中情人小昭，便是來自波斯拜火教的聖女。在印度電影當中，有一部由早期的阿米爾汗演出，內容也涉及到拜火教的《大地》。

《大地》以一九四七年驚天動地的印巴分裂當作背景，敘述在分裂前的拉合爾，曾經是一個多元宗教族群和平共存的地方，有印度教也有伊斯蘭教，當然也包括拜火教。然而隨著印巴分裂，和平等一切也都撕裂，人們之間的不信任導致互相傷害。片中，阿米爾汗飾演一位穆斯林迪納瓦茲，他跟另一位穆斯林哈桑都同時愛上一位印度教女子。眼看分裂在即，女主角答應了哈桑的求愛，並與他發生關係，但這場景卻被慢一步告白的迪納瓦茲看見，第二天求愛成功的哈桑被割斷咽喉躺在路上。在一觸即發的宗教撕裂衝突上，帕西人收留了印度教女子，但卻被迪納瓦茲給強行拉走。這部片曾經代表印度，角逐一九九九年奥斯卡最佳外語片。

◆相關電影作品：《大地》**Earth**／一九九九年（加拿大、印度）出品

9

原來泰姬瑪哈陵有偷偷美白

名列世界七大奇景的泰姬瑪哈陵（Taj Mahel）是蒙兀兒王朝第五代皇帝沙賈汗，為了紀念他已故皇后慕塔芝·瑪哈（Mumtaz Mahal）而建立的陵墓，竣工於一六五四年，被譽為「完美建築」。

大家都知道泰姬瑪哈陵是耗費蒙兀兒王朝二十二年所建成的傾世建築，王朝也因為建造期間歷經沙賈汗王生病、王子們宮廷鬥爭、奧朗哲布弒兄囚禁父親……讓顯赫一時的輝煌開始漸漸走下坡。也因此，過去沙賈汗王夢想中要打造一個陵墓園區的夢想，並不能實現。

看懂泰姬瑪哈陵的建築密碼

在《古蘭經》中提到，花園是信徒的獎賞，所以在泰姬瑪哈陵的白色主建築體前方有一條水池，這條水池象徵生命力，也巧妙的將花園劃分為數個區塊，讓花草樹木作為人間天堂的意象，融入其中。將象徵樂園天堂的花園融入陵墓園區之中，是蒙兀兒建築的首創，所以水池兩旁種植有果樹和柏樹，也分別象徵生命和死亡。此舉，是在完成視覺上呈現「上下倒影」與「左右對稱」的建築構造，也就是伊斯蘭建築的特色：對稱。

此外，環繞中央大拱門的四塊碑文，合起來就是《古蘭經》中第36章所有文字：「以智慧的《古蘭經》發誓，你確是眾使者之一，你的確是在正路上被派道的使者之一。萬能至慈的主降示此經，以便你警告一族人，他們的祖先未被警告過，所以他們是疏忽大意的。他們中大多數人確已應當受判決，所以他們不信道……。」

泰姬瑪哈陵怎麼保持「白富美」

「白富美」是印度人相當追求的境界，不僅僅是人的外貌，連這個國家最具代表性的世界遺產建築，也不能偏離這個準則。身為全印度景點門票最貴的泰姬瑪哈陵，在「富」的象徵上已不容置疑，何況她本來就是一座皇室的陵墓。至於「白」就等於美這樣的概念，在面對空氣汙染的威脅下，也必須付出努力來維持「白富美」的外表。

位於阿格拉象徵愛情的泰姬瑪哈陵，二十年前早就因為附近的工業發展，導致空氣汙染嚴重，使得建築開始泛黃。印度政府在多年前就開始用一種叫 Multani Mitti 的漂白土敷在泰姬陵的建築上。這是一種茶色的泥土，自然風乾後，連大理石都有辦法變白。當局也預計要花超過十年以上的時間，來讓泰姬陵重新變回白美人。

★電影裡的蒙兀兒王朝

蒙兀兒王朝一直是印度古裝影視作品最受歡迎的時代，這個融合波斯與伊斯蘭文化的王朝，在服裝、飲食、建築、舞蹈、語言等，都開創出另一種截然不同的印度篇章。

雖然二〇〇八年這部《帝國玫瑰》的背景時代，並不是沙賈汗王的時代，但劇中主角阿克巴大帝，就是沙賈汗王的爺爺，也是因為他打下了廣闊的印度版圖，使得許多印度土邦王國前來臣服，讓蒙兀兒王朝走向一個全新的局面。阿克巴大帝也為了要展現統治印度的決心，所以採用了「宗教寬容」政策迎娶信仰印度教的拉吉普特公主作為王后，這位皇后後來生下了太子薩林，並成為下一任國王賈汗季，而他也就是沙賈汗王的父親。想要知道這祖孫三代的愛恨情仇風雲錄，可以參考 Netflix 平台的印度連續劇《政治下的帝國愛情》。

蒙兀兒王朝是不同於印度其他土邦王國的伊斯蘭風情政權，有其霸氣與燦爛，建議從德里驅車前往阿格拉，感受這個印度華麗時代，了解這個王朝，還有帝王家庭的癡情因子，是如何能打造出萬世不朽的泰姬瑪哈陵。

◆相關電影作品：《帝國玫瑰》**Jodhaa Akbar**／二〇〇八年（印度）出品
影集《政治下的帝國愛情》（作者譯）**Siyaasat**／二〇一四年（印度）出品

10 原來印度有兩座泰姬瑪哈陵

泰姬瑪哈陵一如印度香料馬薩拉（Masala）一般具有多元性，甚至名列世界七大奇景名聲如雷貫耳，不過還是有許多不太關注印度的朋友們會誤以為泰姬瑪哈陵在泰國，大概是因為都有個「泰」字使然吧！當然，也有些人連「印度」、「印尼」都搞不清楚，甚至總覺得住在南方世界的人都「比較黑」，所以印度、印尼都是「差不多」的地方……此舉實在不可取！

如果你曾經初步接觸印度文化，會發現「泰姬瑪哈」簡直是「印度學」的入門詞彙。你可能會在全世界聽過不下百間以上的印度餐廳以「泰姬瑪哈」為名；你也可能聽過豪華的飯店叫做「泰姬瑪哈」。甚至是在購買印度品牌的茶葉、香料或任何日用品時，發現東西的品牌名稱就叫「泰姬瑪哈」，然後包裝上大大的泰姬瑪哈陵圖案，讓你一眼難忘。

不只在印度，就連美國大西洋城都曾經有一座豪華的泰姬瑪哈飯店（The Taj Mahal

Palace Hotel），隸屬於川普（Trump）集團，可惜飯店已於二〇一六年歇業，那可是我人生中與川普最接近的距離（誤）。還有，位在美國波士頓，還有間歷史悠久的四星級麗緻卡爾登酒店也已改名為：波士頓泰姬陵酒店（Taj Boston）。

如果你身處印度的德里或孟買，有人告訴你「在泰姬瑪哈見！」那指的是高檔的五星級飯店。台灣朋友比較有印象的是在二〇〇八年，孟買泰姬瑪哈飯店曾經受到恐怖攻擊的新聞事件。據說當年印度鉅子塔塔（TATA），在「僅限歐洲人進入」的高級飯店前吃了閉門羹，以紡織業起家的他在一九〇三年蓋了這棟華美無比的泰姬瑪哈飯店。那時的印度還是英國殖民地，而塔塔建立起的商業帝國版圖，一直到現在還是印度最重要的產業，最出名的還有塔塔汽車與塔塔鋼鐵集團。

除了美國，台灣其實也有座暱稱「小泰姬」的建築。位在宜蘭外澳，距離烏石港不遠，是一棟占地約一千四百坪的阿拉伯宮殿式建築，也是宜蘭友愛百貨創辦人林昭文的私人招待所。林昭文先生在沙烏地阿拉伯經商致富後，回到家鄉蓋起了富有伊斯蘭風情的別墅，每每坐火車經過頭城濱海公路時，總會被這棟純白色有著洋蔥頂的建築吸引目光。

說了那麼多五花八門關於「泰姬瑪哈」的故事，都是圍繞在主角身邊延伸出來的各種馬薩拉味道[註]，一座泰姬陵被詠嘆了三百多年，不只在印度，全世界都因此有了泰姬瑪哈的味道。

東施效顰的小泰姬瑪哈陵是怎麼回事？

奧蘭卡巴德（Aurangabad）是印度被英國殖民前，最後一個統一王朝蒙兀兒帝國的末日首都。正版的泰姬瑪哈陵和紅堡（Agra Fort）位在北印度的阿格拉（Agra），是蒙兀兒帝國輝煌時期的中心。當年帝國盛世時的沙賈汗王（Shah Jahan），花了二十二年的時間、不計其數的人力、財富，耗一國之本，為愛妻慕塔芝・瑪哈打造一座世界最美的陵墓時，卻也種下被兒子奧朗哲布（Aurangzeb）篡位、軟禁的後果。

奧朗哲布篡位後，繼續當了四十幾年的皇帝，但蒙兀兒帝國國運卻直線下滑，十八世紀就已經被英國東印度公司控制，土邦國王們起來反抗帝國統治的事也層出不窮。奧朗哲布無力控制住父祖輩打下的江山，將首都南遷到馬哈什特拉邦的奧蘭卡巴

註　馬薩拉（Masala），指的是多種香料混和而成的味道，用於咖哩或是奶茶當中，有強烈風格，是非常適合代表印度的一種味道。

德。他因為父親蓋泰姬陵花掉帝國的老本，於是又阻止父親還想繼續蓋一座黑色的泰姬陵給自己的計畫，並將老爸沙賈汗軟禁在阿格拉紅堡內的茉莉塔。甚至還有傳聞說，他將父親的上下眼皮縫起來，就是不想讓父親鎮日望向泰姬陵而不停落淚。

但說到底，他還是多情種沙賈汗的兒子，內心還是悄悄的嚮往代表永恆與愛情的泰姬陵，所以在帝國末日每況愈下的時候，他仍然為自己的妻子蓋了一座小泰姬陵，只是建材及藝術講究的程度，只能說是東施效顰了。小泰姬陵建築體的下半部採用的

孟買的泰姬瑪哈飯店，是由塔塔集團創辦人所設立的。

是大理石，但上方就是一般建材，外面再糊上白石灰，完全禁不住歲月的無情，當然也無法承載帝國的衰頹之勢。當我來到這座小泰姬陵時，剛好碰到傍晚雷雨前的天氣，近晚的黃黑天色，將這座帝國末日的建築映上了一層詭譎的光影，更令人有不勝唏噓之感。

★電影裡的奧朗哲布

奧朗哲布本人驍勇善戰，比起其他兄弟更具帝王之相，但父親沙賈汗卻相當偏愛長子。幕塔芝．瑪哈去世後，沙賈汗消沉了很久，身體狀況大不如前，奧朗哲布與其他兄弟間的奪權開始白熱化，沒想到沙賈汗後來身體好轉，但已經沒辦法再控制子嗣間的鬥爭。奧朗哲布將大哥遊街示眾之後斬首，再殺了二哥與小弟，囚禁沙賈汗之後，便奪得蒙兀兒帝國皇帝大位。從此之後他繼續開疆闢土，國勢一路達於顛峰，加上他本身是位虔誠的穆斯林，也開始重新收取異教徒的宗教稅，捨棄了阿克巴大帝以來宗教寬容的原則。當英國東印度公司勢力移入，土邦王國頻頻造反叛變，帝國便開始走下坡。據說奧朗哲布長相令人生畏，他的兒子們收到父親的信，捧著信的手都在顫抖。

二〇一三年印度有一部名為《奧朗哲布》（Aurangzeb）中文譯為《替身》的電影。用古羅馬詩人在《頌歌集》裡的一段文字描述，很是貼近故事核心：「每一個嬰孩的內心深處，都潛伏著他父親的天性，等待重生。」劇中的三位男主角，戴紹、阿俊及阿里亞，在養父及生父之間，人性的善惡之間徘徊，最後做出選擇，戲劇張力十足之餘，也看見了兒子承繼父親遺志的真情真切。就像真實歷史中的奧朗哲布，最後也蓋了一座次級版泰姬陵，也許內心就是在給自己及父親一個機會，讓自己有重生的機會吧！

也許，在電影中最代表奧朗哲布的人是阿里亞；他的父親死於正義，但他卻被貪污高官的警察叔叔養大，雖然收著黑錢，心裡卻仍存在著父親的高貴靈魂，並在最後選擇用生命換取正義。他這樣的做法，真正為自己帶來的重生，一段嶄新美好的人生向他開啟。

◆**相關電影作品：《替身》Aurangzeb／二〇一三年（印度）出品**

11 印度的歐洲風，在果阿與朋迪榭里

十五世紀由葡萄牙開始的大航海時代，改變了世界的發展脈絡，也為古老的印度注入了西方元素，讓多元的印度文化更加多元。

果阿的葡系色彩

我們知道葡式蛋塔最有名的店家在澳門，但你知道印度也吃的到道地的葡國菜嗎？答案就是在印度最小的一邦：果阿（Goa）。在果阿邦有個老城區帕納吉（Panjim），這裡也是最讓人「覺得不像在印度」的一邦。因為瀕臨阿拉伯海，加上身受西方大航海時代以來的影響，吸引許多歐美觀光客前來度假，嬉皮文化在這裡也曾盛行一時，上個世紀的七〇年代，這裡是許多嬉皮心中的世外桃源。

一四九八年，當葡萄牙航海家達伽馬繞過非洲南端來到亞洲，就是來到西印度的果阿，一五〇〇年葡萄牙這裡正式設據點，開始了香料貿易。這裡也是西方在印度貿

位在果阿的聖加大肋納主教座堂（Se Cathedral），充滿南歐葡萄牙風格。

易設立的第一個商業據點，葡萄牙在東方的版圖從果阿開始一路擴張到澳門。

列入世界遺產的「果阿教堂和會院」的教堂建築群當中，以仁慈耶穌大教堂（Basilica of Bom Jesus）最負盛名，十六世紀耶穌會的西班牙傳教士沙勿略（St. Francis Xavier）就曾來到這裡傳教，為萬人受洗，然後一路把天主教傳布到馬六甲及日本。這座教堂落成於十七世紀初，銀棺內保存著沙勿略的遺體，每十年會抬出來做遊行、展示，萬人空巷。

朋迪榭里的法系氛圍

朋迪榭里（Pondicherry）自十七世紀以來就與法國在經貿及政治上的關係密切，直到今日都還能在這裡感受到濃厚的法國氣息。這座城市的名稱來自泰米爾語，意為「新城」。

十七世紀法國東印度公司的勢力來到了朋迪榭里一帶，並在這裡建設貿易據點，但隨後荷蘭人及英國人也來到這裡，開始跟法國有了一連串的戰爭。大抵上十七至十八世紀的時候這裡屬法國的屬地。英國在十八世紀的七年戰爭之後，才成為印度的新主人，不過英國政府仍同意朋迪榭里仍為法國在印度的屬地，一直到一九五四年才正式成為印度的轄下。

約有三百年左右的時光，讓這裡沉浸在法國的薰陶之下。此處尚有許多人通曉法語，並且會在七月十四日的時候慶祝法國的國慶。法國的流金歲月似乎將部分的時光停留在朋迪榭里，靜靜的隨著時間褪金。

★電影裡的印度歐洲風

《雨中的請求》這部電影是影壇大帥李提克．羅森（Hritik Roshan）與印度第一美人的艾許維亞．雷伊（Aishwarya Rai／暱稱娘娘）攜手合作，以果阿邦為拍攝場景的作品。片中的大帥不同於以往的帥氣造型，飾演一位頸部以下癱瘓的魔術師，娘娘則是飾演照顧她的盡責看護。娘娘與大帥在戲中有若有似無的情感線，但大帥礙於自己久病的身體，所以內心是疲累且厭世的，至於娘娘的熱情則全都包裹在嚴肅的看護外表之下，直到有一天他們一起到酒吧去欣賞歌舞，一襲南歐裝扮戴著豔紅玫瑰花的娘娘，將兩人的情感串成了美麗的旋律而舞動，這美好的畫面永遠留在兩人的心中。片中許多教堂的場景，都是出自果阿老城區的世界遺產教堂建築群。

至於台灣人很熟悉的《少年 Pi 的奇幻漂流》，男主角小時候與家中所開設的動物園那段童年記憶，就是在南印度泰米爾納德邦的朋迪榭里拍攝的。電影中的動物園實際上是在市中心的植物園，穿梭在朋迪榭里的街道上，還依稀可以感受電影中少年 Pi 在街道穿梭的模樣。

◆相關電影作品：《雨中的請求》Guzaarish／二〇一〇年（印度）出品
《少年 Pi 的奇幻漂流》Life of Pi／二〇一二年（美國）出品

12

聖雄甘地，印度盧比上的偉人

如果你有兌換過印度盧比會發現，每張鈔票上都大大的印著甘地的頭像。印度國父甘地，正是帶領印度脫離英國殖民，最重要的一個推手。

關於甘地

甘地全名莫罕達斯・卡拉姆昌德・甘地（Mohandas Karamchand Gandhi），出生在高級種姓的家庭，可以從他堅持吃素以及喜歡冥想，用文字代替語言交流等方面來評定他。甘地十三歲時就依照父母安排，與同年齡的妻子結婚，生了四個兒子，十九歲時赴英國倫敦大學學院（UCL）攻讀法律。學成歸國後在孟買發展不順遂，一次機緣下到南非執

以甘地精神為核心的電影《傻瓜大哥再出擊》，位在孟買影城的畫報。

業（一八九三～一九一四），也在那段時間因為保護南非印度居民的權益，刺激出「不合作運動」的觀念。

帶領印度走向獨立的甘地不合作運動

十八世紀的七年戰爭（一七五六～一七六三）後，印度由英國東印度公司掌控，一八五八年英國政府將蒙兀兒皇帝流放緬甸，終止東印度公司統治權，正式派官治理印度。一八七六年英國維多利亞女王成為印度女王，這期間也發生不少武力衝突與反殖民運動的歷史事件。在當時，印度的知識分子受到十九世紀歐洲民族主義思潮的影響，也開始致力文化民族運動，此舉成為日後民族運動的重要基礎。

一八八五年，英國為安撫日漸高漲的反英情緒，同意成立「印度國大黨」藉以拉攏印度的知識分子。一戰期間英國希望印度加入支持協約國的行列，並承諾戰後會給予印度自治權，但事後卻反悔！當時身為國大黨領袖的甘地，就在一九二〇年代開始，展開兩次的「不合作運動」；以不納稅、不使用英國工業生產的產品、不入公立學校、不入公職、不買英國貨等為目標。經過十多年的努力，英國頒布憲法，讓印度逐步發展自治，國大黨也贏得地方選舉，甘地因此獲得「聖雄」的稱號。

一九四七年英國國會通過同意印度正式獨立，但聖雄甘地卻在一九四八年遭印度教徒刺殺。這又是另一個印巴衝突的歷史事件了。

甘地紀念館巡禮

在印度，目前觀光客會去參觀，與甘地有關的兩個地方，一是位在孟買的甘地紀念故居（Mani Bhavan Museum），二是位在德里的甘地紀念館（Raj Ghat and associated memorials）。

孟買的甘地紀念故居並不是甘地的家，而是他在一九一七至一九三四年在孟買時，借住的朋友家。這間殖民色彩濃厚的熱帶建築，一扇扇木窗形成美麗的視覺效果，進到裡面之後，一樓的圖書館保存了大量與甘地有關的文字紀錄，還包括了他和尼赫魯、卓別林、泰戈爾的歷史圖片，還有他寫給希特勒的信，以及愛因斯坦對他的評價全文，是值得推薦的參觀地點。二樓則保存了甘地的臥室，以及他所使用的部分器具。

一九四八年一月三十日的傍晚五點十七分，甘地在他位於德里的居所遭到刺殺，依照印度教習俗甘地的遺體被火化，部分骨灰灑入大海，而焚化的地點就成為現在的德里甘地紀念館。紀念館有著綠油油的草地及斜坡，黑色的大理石碑上隨時擺滿的鮮花，四周的圍牆寫滿了各國語言的甘地名言。肅靜平和的氛圍，令前往參觀的人不管是來自哪一國，都能感受到甘地對印度的重要性。台北市長柯文哲先生也曾在出訪印度的行程中，第一站就來到這裡致意。

★電影裡的甘地

以甘地的和平及原諒的理念作為核心，《傻瓜大哥再出擊》中敘述黑道大哥為了追求電台女DJ，假扮歷史系教授來吸引女主角目光，後來因為一場「甘地知識大賽」讓他們有見面的機會。黑道大哥也為了不要露出馬腳，所以來到圖書館狠K甘地的資料，怎知甘地的靈魂就在這時出現！一邊引導著黑道大哥解決問題，同時也幫助黑道大哥利用甘地的和平理念解決了一連串看似無法改變的各種困境。這是一部溫馨有趣的故事，也因為電影中闡揚了甘地的理念，所以這部電影在印度上映時，獲得了免娛樂稅的待遇。

◆相關電影作品：《傻瓜大哥再出擊》Lage Raho Munnabhai／二〇〇六年（印度）出品

13

世界級衝突所在，印巴降旗典禮

當你要前往印度，填寫線上電子簽證時，會有一個題目問：「請問你祖上三代是否有人來自巴基斯坦？」要知道，巴基斯坦人取得印度簽證不容易，反之亦然。這兩個曾經是同一個國家的兄弟，究竟是經歷怎樣的撕裂，造成今天愛恨交織的局面。兩國邊界的降旗典禮，已經成為世界級的景點，每日的降旗典禮都是愛到最高點的愛國表現。至於參觀降旗典禮最熱門的地點，當屬印度的阿姆利則：一座錫克教大本營的城市。

位於阿姆利則，降旗典禮一景。（© 阿曼達林）

蒙巴頓白皮書

為什麼會有這樣的「印巴情結」，就要從一九四七年的《蒙巴頓白皮書》說起。話說，英國殖民印度兩百年（從東印度公司進入開始算的話），從沒有把印度的衛生整頓好，也因為想要方便各個擊破的管理，當然也沒有把各土邦王國的勢力整合起來，更不用說消弭各宗教之間的衝突了。一次大戰到二次大戰期間，許多印度士兵成為英軍的主力去打仗，英國承諾一次大戰後會釋放出更多權力讓印度自治，但最後食言，導致印度的甘地開始進行一連串的不合作運動，更多想要印度獨立的子民們開始紛紛出籠。

兩次大戰拖垮了曾經的日不落國，英國再也無法控制偌大的印度，所以決議放手，讓印度獨立。對於甘地與極大部分印度人而言，即將到來的會是一個統一的國家，但誰也沒想到，英國覬覦巴基斯坦的石油，俄國覬覦印度的港口，二戰期間被德國打得節節敗退的英國就偷偷與俄國合作，劃分了一條印巴分界線，並承諾印度政黨穆斯林聯盟的首領真納，告訴他將會有一個屬於穆斯林的國家：巴基斯坦。

末代總督蒙巴頓（Louis Mountbatten）是一位超頂級貴族，不但含著金湯匙出生，而且還是八根金湯匙，舉凡英國國王，俄國沙皇都跟他有親戚關係，英國首相邱吉爾更是他的好朋友。雖然他在海軍服役期間並沒有立下赫赫戰功，可是也沒有出大錯，所以就在英國國王喬治六世及邱吉爾首相的支持下，在一九四三年，他成為二戰時期東南亞戰場的統帥（與東亞統帥麥克阿瑟轄區不一樣），同時被晉升為英國陸海空三軍中將。

一九四五年九月在新加坡，蒙巴頓接受了東南亞日軍的投降，也因此，二戰同盟國戰勝的部分勝利果實光環，就落在蒙巴頓的頭上。他在一九四七年又被派任為印度總督兼任印度副王，要負責解決複雜又箭在弦上的印度獨立問題，而那份「蒙巴頓白皮書」影響印度與巴基斯坦深遠，直到現在。

印巴降旗典禮

將印度與巴基斯坦一分而二的那條線稱為「雷德克里夫線」（Radcliffe Line），最主要影響的就是分屬印度東北與西北兩側的省分：旁遮普地區被分為旁遮普省和旁遮普邦（之後又分為哈里亞納邦、喜馬偕爾邦和昌迪加爾），孟加拉地區則被分為東巴基斯坦和西孟加拉邦。其中東巴基斯坦已經於一九七一年獨立為孟加拉共和國。

這條線劃出了顛沛流離與家破人亡，數十年來衝突血淚不斷。至於現在兩國邊境每日的降旗典禮，已儼然成為略帶挑釁但又有觀光樂趣的景點。其中，又以旁遮普邦的阿姆利則（Amritsar）最為著名。其實，兩個國家都有降旗典禮可以看，但因為取得巴基斯坦簽證極不容易，所以多數觀光客還是到印度去觀賞降旗典禮，跟著印度人喊：Hindustan Zindabad（印度萬歲）並揮舞著印度國旗。看著雄赳赳氣昂昂的錫克教士兵（旁遮普過去是錫克教王國的大本營），踢著極高的正步，手插腰的與對面巴基斯坦的士兵互瞪，再加上兩國百姓就在兩道國境鐵門外熱烈叫囂，就算是局外人也很難不被感染氣氛，選邊站的跟著揮舞國旗，那一刻是真心希望「印度萬歲」的。

降旗典禮在兩國邊境鐵門拉上的前一刻，士兵互相激動握手的情況下結束，兩個國家的國旗也在軍樂聲中，緩緩降下，但印巴之間的問題，似乎還是沒辦法輕鬆看待、一笑置之。這一道難解的習題，考驗著兩國政治人物及英美俄等國的能力。

【補充】巴基斯坦國慶是日八月十四日，印度國慶是八月十五日，結論是：兩個國家都是喜歡熱鬧又輸人不輸陣的獅子座呀！

隊 磅礴打造大時代浪漫史詩
【美味不設限】
曼尼許達雅爾
【哈利波特】
邁可坎邦
67.
2017柏林影展
正式入選影片
EROY'S
OUSE
傷痕
督的秘密
戰地人性光輝可比《辛德勒的名單》
傾城絕戀

（© 亮點影業）

（© 亮點影業）

★電影裡的印巴分裂

二〇一七年的電影《亂世傷痕：末代總督的祕密》敘述了那條劃分印度與巴基斯坦的國界的傷痛故事。在這條印巴國界劃定之前，印度旁遮普邦與今天的孟加拉兩地，總是不斷爆發宗教衝突，死傷慘重，因而加速印巴分治的執行。電影中的高富帥，印度末代總督蒙巴頓，最重要的一份工作就是要將政權和平轉移，優雅轉身離開，但這樣的夢想沒有達成的一天。印度教、伊斯蘭教及錫克教的衝突外加俄國與英國的祕密協定，這份「蒙巴頓白皮書」讓他背上了罵名卻有道不盡的無奈。

分治過程中，動盪大時代的兒女情、親情、友情，刻劃得深刻且賺人眼淚。每一個殖民地都有屬於自己的一頁辛酸血淚史，只能說自由真好，但自由的代價很高，這一課印度學得深刻，獨立七十年以來，跌跌撞撞得走出了全世界最多人口的民主國家嶄新面貌。Jai Ho! India.

亂世傷痕

◆相關電影作品：《亂世傷痕：末代總督的祕密》**Viceroy's House**／二〇一七年（英國／印度）出品

（© 亮點影業）

14

英國女王皇冠上的鑽石「光之山」

在東亞有一種長角豆樹，每個樹籽的重量都是0.2公克，後來印度人就用這個計算方式，來將極為珍貴的鑽石計重，以「克拉」（ct）來命名。也就是說，1克拉＝0.2公克。早在亞歷山大大帝東征到印度河的年代（西元前四世紀），大軍便發現了產鑽石的山谷，當時已經採用未經切割的鑽坯來鑲嵌希臘神像眼睛，鑽石交易的最早紀錄也在這個時候形成。

富有傳奇故事的鑽石，都產自印度

印度過去曾經是唯一的鑽石產地，採鑽的過程異常艱險並富有傳奇性。在《辛巴達歷險記》中就有寫道：某次辛巴達航海經過一座美麗的島嶼，島上的谷中充滿毒蛇與鑽石。傳說為了要在深不見底的谷底採鑽，採鑽人會拋下大量的肉塊或整隻羔羊，用肉塊黏住鑽石原礦，腐肉的氣味吸引老鷹來叼食，此舉可讓老鷹把沾著腐肉的鑽石原礦唧回巢中，採鑽者再去鷹巢取鑽。而故事中的辛巴達也是經由這樣的方法脫險並致富。鑽石的黏肉性，也可以從印度過去採集鑽石的方法中窺見一二。甚至有記載指出，碎鑽是有錢人家中會準備的毒藥，因為食入碎鑽，碎鑽會黏住腸子並絞斷。

鑽石之路

如果說中國的「絲綢之路」是一條經商致富，並與異國文化交流的重要通道，那麼，起自南印度的清奈至海德拉巴附近的戈爾達康礦場，一直到達北印度的旁遮普，最後經由帝國主義來到了英國的這條路，可以稱作是印度的「鑽石之路」，它寫滿了掠奪與權力追逐的印度歷史。

世界上著名的鑽石背後，都有各自的傳奇故事。著名的黑暗鑽石就是這顆「光之山」（Mountain of Light／Koh-i-noor）；由原先的 800 克拉到十九世紀重新切割琢磨成 108.93 克拉。印度有句諺語說：「擁有這顆鑽石的男人將擁有全世界，但也會厄運上身，只有上帝或女人戴上它才能平安無事。」

「光之山」就是產於印度海德拉巴附近的戈爾康達礦場。最早，這顆鑽石是被卡卡提亞王朝的國王鑲嵌在女神的眼睛上，約莫十四世紀，這個王朝被德里蘇丹國入侵，之後鑽石輾轉落入蒙兀兒帝國開國者巴布爾的手上，後來鑽石一路傳遞到胡馬雍、阿克巴、賈汗季、沙賈汗、奧朗哲布等蒙兀兒帝國皇帝手中。十八世紀，波斯侵略者那迪爾洗劫德里，奪走鑽石，並且正式取名為「光之山」。

後來「光之山」又從流亡的波斯君王手中來到了印度北方的錫克王國，最後錫克王國反抗英國東印度公司失敗，「光之山」獻給了維多利亞女王。這顆寶石曾鑲嵌在維多利亞女王的胸針上，後來又被鑲在伊莉莎白二世女王的皇冠上，目前「光之山」則存放在英國倫敦塔之中。

★電影裡的光之山

二〇一四年由寶萊塢一線男星李提克．羅森（Hrithik Roshan）主演的印度電影《天菜出任務》，就是一個由光之山鑽石引發的一連串追殺的愛情冒險動作片。片中的場景從印度著名的滑雪勝地西姆拉（Shimla）開始，男主角為國安局的特務，因拿到「光之山」鑽石，成為各路人馬追逐的對象，而生活平淡的女主角因誤認男主角為相親對象，意外捲入冒險之中，展開一場美麗的愛情故事。

◆相關電影作品：《天菜出任務》Bang Bang／二〇一四年（印度）出品

15 各式神話下的印度節日、慶典

印度的節日、慶典何其多，不同邦也有各自重視的。其中最重要並常常出現在電影中的幾個大型極具代表性的印度慶典，大抵上都不脫離《羅摩衍那》史詩裡國王羅摩與妻子悉多，被十首魔王擄走的橋段。另一方面，破壞之神濕婆（Shiva）與妻子雪山神女，還有他們的兒子戰神室犍陀與象神甘尼許，也都是熱門的慶典明星。要了解印度燦爛又多元的形象，對幾個大型慶典絕對要有些許的認識，也是認識印度最通俗的必備入門款。

從「九夜節」到「杜爾迦女神節」

印度女性地位的高低被許多人討論，但不可否認的，在印度教的信仰當中，有非常多重要的女神，慶祝女神的節日在印度各邦也都有著各自不同的方式。其中，最著名的節日就是九夜節（festival of Navaratri）與杜爾迦女神節（Durga Puja）了。

對於位處印度西北的古吉拉特邦來說，最重要的就是九夜節了。這是一個九月到十月之間的印度重要節日，Nav 是九，ra 是夜，tri 是身心靈三個層面，這個單字湊起來看的意思就是「九個晚上對女神的敬拜」，而且看到這個節日也就知道秋天已經到來了。秋天代表著即將來到的下半年是陰性的季節，因為接受陽光的時間減少，北半球會比較柔軟，不似那麼強烈的陽光。這樣的季節特質，適合成為慶祝女神節日的時刻。

所謂的九夜節是經過三個階段的女神崇拜：第一階段代表的抵抗惰性，所以連結的女神是形象猛烈剛強的卡莉女神（Kali／註1）；第二階段代表的是活動力與熱情，連結的女神是溫和形象的吉祥天女（Lakshmi／註2），第三階段代表的是融合，連結的女神為妙音天女（又稱辯才天女 Saraswati／註3）。這三個階段通過以後，代表人

註1　卡莉女神是印度教三大主神之一濕婆（Shiva）的妻子雪山神女帕爾瓦蒂（Paravati）的剛烈形象，也是女戰神，又稱杜爾迦女神或是難近母。

註2　吉祥天女是印度教三大主神之一毗濕奴（Vishnu）的妻子，毗濕奴是保護之神，並且有十個化身，不管他幻化哪一個形象，吉祥天女都溫柔的愛相隨。吉祥天女是「乳海翻騰」神話典故中，攪動乳海而出現的寶物之一，也因為她出現的形象非常明亮美麗，便與毗濕奴一見鍾情。在印度吉祥天女又有財富與美好的象徵（其他相關節日詳參後文）。

註3　辯才天女是創造之神梵天的妻子，梵天從自己的身體創造出辯才天女，她代表的形象是智慧與藝術。

類對於降生到這個世界所要面臨的課題，有了更深的理解，通過每年的九夜節，可以更了解人生的真諦。

在九夜節期間，古吉拉特邦的慶祝活動特別有名及熱絡，女生們會穿上鮮豔多色彩的傳統服飾圍成圈圈跳舞。

當古吉拉特邦熱烈慶祝九夜節時，西孟加拉邦（首府就是加爾各答）也正在熱鬧的慶祝杜爾迦女神節。她是濕婆神的老婆（雪山女神）的其中一個化身（又稱卡莉女神），通常是尚武的模樣。她的座騎是獅子或老虎，這天也是她戰勝惡神阿修羅的日子，所以也是象徵善良戰勝黑暗的時刻到來。

人們為了感謝女神的幫助，所以將神像放置湖面或河上的方式將她送回家人身邊，這個節日據說是在十六世紀以後才開始普遍，英國殖民以後的印度更加興盛。印度王公們加入設計臨時女神廟的裝置藝術行列，使得這個節日期間，加爾各答成為許多臨時杜爾迦女神神龕的露天城市裝置藝術的展示場地。這個節日能在加爾各答如此興盛，大概也是因為英國殖民印度期間，印度的首都就是位在在加爾各答的緣故吧！

萬民歡慶：十勝節

在九夜節之後，緊接著而來的就是知名度更高的十勝節。在印度神話中羅摩國王[註4]戰勝「十首魔王」羅波那，大獲全勝，因此在十勝節的日落時分，會象徵性地用火將十首魔王燒掉。此舉代表人類戰勝邪惡勢力，所以十勝節（Dussehra／Vijayadashami）是全印度非常重要的節日。

羅波那是史詩《羅摩衍那》著名的大反派，他潛心苦修萬年，想要位列仙班，但是創造之神梵天一直沒有注意到他的努力，羅波那就想用「把自己的頭砍掉」這招來吸引梵天的注意，但每次砍下自己的頭之後就有新的頭長出來，如此重複了十次，梵天終於發現這位神力高強的羅波那。

梵天在他的肚臍注入甘露，並讓他擁有除了凡人以外，眾神都無法對付他的能力，還將之前砍掉的頭全部裝回他的脖子上，於是羅波那就成為著名的十首魔王形象。羅波那憑藉著神力，威脅同父異母的兄長俱吠羅以武力奪取楞枷島的統治權，並在羅波那的統治下富裕無比。但也因為他奪取政權的方式太囂張，所以梵天就讓已經成為人

註4　羅摩國王是印度拘薩羅國十車王的長子，也是毗濕奴的第七個化身，《羅摩衍那》史詩中的男主角。

的形象的毗濕奴（羅摩），作為除掉羅波那的力量。因為羅波那只能受制於凡人。

羅波那的妹妹在看見俊美的羅摩之後求愛被拒，發誓要報仇，所以找來羅波那來替自己討公道，但羅波那看到羅摩美麗的老婆悉多之後，一見鍾情，便強擄悉多回到楞枷島。接下來就是羅摩與猴神哈奴曼為了救回悉多展開一連串的冒險故事，最後找到悉多，成功砍殺羅波那的經典橋段。

財富女神到我家：排燈節

十勝節過完，就該是印度新年排燈節了（Diwali，又稱屠妖節、光明節），這個節日在印度的重要性與我們的農曆新年和西方的聖誕節是一樣的。

排燈節通常都落在新曆的十月下旬到十一月上旬，一共有五天。在印度神話中，第三天是象徵財富的吉祥天女（Lakshmi）一年一度下凡的日子，印度教徒都會沐浴淨身，虔誠的到廟裡祈禱，並且在家裡擺放油燈，期待女神的到來。甚至，在南印度常見的蘭果麗（Rangoli／註5）圖樣，也是因為要吸引吉祥天女的到來而繪。

印度史詩《羅摩衍那》也與排燈節有關。據說國王羅摩經由猴神哈奴曼的協助，打敗魔王羅波那之後，經過20天回到了他的王國，受到人民愛戴慶祝，所以十勝節慶祝完之後的20天，就是排燈節的到來。

至於信仰人數較少的錫克教徒也慶祝排燈節，但是典故又有點不同，這個跟蒙兀兒帝國有關。因為這一天是他們的第六代上師哈爾戈賓德（Guru Hor Gobind）被賈汗季國王（阿克巴大帝的兒子）放出來的日子。

註5　蘭果麗是一種用穀物磨成的白色粉末，在地上畫出的圖案，大部分是以花朵藤蔓或是幾何圖形為主。最開始的典故來自一位公主遍尋不著心愛的手飾，於是國王下令說誰找到就賞他一個願望。首飾後來被窮苦的青年找到，國王問他願望是什麼，他說我只希望你叫全國百姓明天日落之後都不要點燈。接著窮苦青年就在自己家門口畫上蘭果麗，並且點上油燈。原來這天就是吉祥天女會到人間的日子，她果真就被蘭果麗吸引，並循著燈光到了窮苦青年的家賜福給他。之後青年開始了一帆風順的日子，人們便也在這天在家門口畫上蘭果麗，吸引吉祥天女的到來。

罪得赦免：大寶森節

大寶森節（Thaipusam）得視印度淡米爾曆而定，在每年的一至二月間月圓之際舉行，這個節日也是戰神斯坎達（Skanda，又稱室犍陀或姆魯甘／註6）的誕辰。

印度教信徒視大寶森節為感恩、懺悔、贖罪及再次許願的節日。為了感念神靈過去一年的幫助，信徒會在節日當天，在身上用鋼釘或是鐵絲等物品穿過身體，作為一種贖罪的方式。據說因為這天受到戰神的保護，加上參與的信徒在大寶森節之前，都會嚴守「淨身」的規定（在一個月或七七四十九天前開始準備嚴守戒律、包括禁慾，禁賭、吃素及睡地板等），這樣一來，在大寶森節當天就算身穿百針也不會覺得疼痛，事後也不會在身體上留下疤痕。根據傳統，一年當中也只有這一天可以有這種神效。

信徒會以苦行的方式自殘及折磨自己的身體，扛起象徵神祇的卡瓦第（Kavadi），徒步走往印度廟或是印度教的聖地。最重的卡瓦第可以高達70多公斤，平均約需六個月才能打造完成。通常，人們會以繩子與鐵鉤將卡瓦第固定在懺悔者身上，尖鉤刺穿皮膚但都不會流血；也有些人會在背後以鐵鉤穿刺身體掛滿水果，這一切的行為都是

註6　Skanda是濕婆與雪山神女的兒子，也是天界的軍事統帥。

為了消彌自己過去一年的罪，向神懺悔獲得來年的新生。這種旁人看起來無比可怕的贖罪方式並不僅限男性，女性也可以透過這樣的方式來贖罪。

這種激烈的贖罪手段，在印度已經禁止，所以基本上在印度的大寶森節也看不到了。但這種大街小巷渾身穿刺的傳統、遊行人潮，卻被馬來西亞及新加坡的印度人給保存了下來。所以目前若要感受最完整的大寶森節激烈實況，就要來到位在吉隆坡郊區的黑風洞，這裡被當地印度人視為印度教聖地，大寶森節盛大的慶典與穿刺遊行，應該足以列為非物質的世界遺產程度了。

給我甜點其餘免談：象神節

甘尼許（Ganesh）是很受歡迎的印度象神，象徵好運及財富。祂最喜歡吃甜食，所以印度的甜點，如此甜到令人頭皮發麻又多到不勝枚舉，就可以知道甜點文化與他們的宗教信仰也有不可分割的關聯。

象神是濕婆與雪山神女帕爾瓦蒂的兒子，想當初雪山神女倒追濕婆神很久（是的，女神也是可以倒追男神的），後來終於感動濕婆神，再加上她自己不斷修練提升自己的能量與神性，最後濕婆神終於被感動，進而愛上了雪山神女。不過婚後的濕婆依舊認真修行，並且時不時就要出門去打妖怪，所以雪山神女有一次就因為濕婆出門修行的時間太久，要避免自己無聊就用泥土（一說是身上的體垢，這個跟濟公搓體垢變神奇藥丸有異曲同工之妙）塑成一個小男孩陪自己玩。

不料，有一天離家多年的濕婆回家之後，第一眼就看到在門口玩耍的小男孩，以為雪山神女做了對不起祂的事（濕婆醋勁實在太大了）一怒之下就砍下了小男孩的頭。雪山神女氣急敗壞地從屋內跑出來時，已來不及阻止，後來濕婆知道自己太衝動，便出門去殺了看到的第一隻動物的頭，倒楣的大象就這樣把象頭給了小男孩，成為象神了。

象神獲得眾神的祝福，有點像睡美人剛出生時，每一位神仙教母都給她一樣特質，因此象神就擁有了御軍的能力、學識的能力，據說祂因此成為《摩訶婆羅多》史詩的紀錄者，還因此拔下自己的象牙當作書寫的工具（所以象神的形象都是斷了一根象牙的）。

象神節（Ganesh Chaturthi）一般在九月前後，慶祝的時間多半在七天上下，也有到十幾天的。慶典期間會送上各種甜點、鮮花與香水等祭品，並在慶典的最後一天會把象神裝飾一番，送祂回天上。至於送神的方式就是將祂送入水中，而這個慶典活動以孟買女王項鍊港灣（Queen Neckles），同時也是孟買市區最熱門的散步濱海大道

（Marine Drive）最為熱鬧。在電影《孟買日記》（Dhobi Ghat）當中，也有這個相當具有代表孟買的節慶畫面。

彩色人生：荷莉節

荷莉節（Holi）又稱灑紅節，一般來說都是在三月前後，主要是慶祝春天到來，萬物新生，周而復始的一年再度到來。因此印度各地都會將穀物粉末染上顏色，互相向對方撒粉末同歡樂；有大麻成分的白色飲品，在慶典當中也是熱門飲品（下一個篇章會敘述）。

荷莉節的典故來自《薄伽梵歌往世書》裡的記載，阿修羅族國王希蘭亞卡西普（Hiranyakashipu）擁有天上地下無雙的法力，所以開始驕傲，就要自己國家內的百姓不要信奉毗濕奴。但是希蘭雅卡希普國王的兒子缽羅訶羅陀（Prahlada）是毗濕奴神的忠實信徒，他不願意聽從父王的命令，所以國王找來自己的妹妹霍利卡（Holika）來懲罰自己的兒子。

霍利卡欺騙缽羅訶羅陀到暗藏火爐的地方，卻為自己準備了防火的斗篷，可是當暗藏的火爐燃燒起來的時候，卻反撲在穿了防火斗篷的霍利卡身上，於是霍利卡就被燒死了，而缽羅訶羅陀竟沒有被火焰波及！人們相信這是毗濕奴的神力扭轉了局面，所以人們開始用七種顏色的彩色水來噴灑缽羅訶羅陀，並且可以重新開始信仰毗濕奴。

★電影裡的各式慶典

電影《巴霍巴利王：磅礡終章》一開始的歌舞片段中，有一幕男主角最為英挺帥氣的模樣，就是站在大象上射箭，一把火將惡神像射穿焚燒，獲得萬民歡呼景仰。劇中的節慶是以濕婆神及象神為主，每二十六年一次的慶典需要有嫁入皇室的媳婦，來頂煤炭火盆，步行至濕婆神廟祈福。這個畫面的另一層意義是：半人半神的巴霍巴利王以人之子之身戰勝邪惡勢力，這是相當具有意義的一幕。

至於二〇〇二年膾炙人口的印度電影《寶萊塢生死戀》，最為人津津樂道的就是Dola Re，那首慶祝杜爾迦女神節的經典歌舞。當年印度寶萊塢影壇的兩大女神艾許維亞．雷伊（Aishwarya Rai）與瑪都麗（Maduri Dixit）聯手合跳的經典歌舞，至今很難再被超越。這部電影是不少印度鐵粉的入門電影，相信這段歌舞許多朋友至今應該都印象深刻。

巴霍巴利王：磅礡終章

（© 原創娛樂）

◆相關電影作品：《巴霍巴利王：磅礴終章》**Baahubali 2: The Conclusion**／二〇一七年（印度）出品
《寶萊塢生死戀》**Devdas**／二〇〇二年（印度）出品
《孟買日記》**Dhobi Ghat**／二〇〇九年（印度）出品

Chapter

2

印度，原來如此
破除10大刻板印象

要探究這個文明古國，單從新聞畫面上的片面擷取，或是一兩部熱門印度電影，是絕對無法從核心理解。不管你是被新聞或電影的哪個片段觸動了對印度的好奇心，甚至想踏上旅程，在首章建議請先丟下偏見，多些寬容。

1

好就是搖頭，不好還是搖頭

對西方人來說，台灣人慣用的「嗯嗯」、「喔喔」是個很難懂的詞語。他們不太能理解為什麼已讀、無意見，或是大部分贊同，亦或是單純表示我有在聽你說話，就要用這樣的字。而且隨著嗯嗯喔喔的語調有所不同，如果再突然來個「嗯哼」，就更加令外國人丈二金剛摸不著頭腦了！如果你能理解外國人對這件事的困惑，那麼就能解釋我們對印度人「好就是搖頭，不好還是搖頭」的困惑是怎樣一回事了。

印度人是個相當機靈的民族，眼睛大大的，隨時咕嚕咕嚕的在尋找生活的每一種可能，也許是在十幾億人口的國家成長，如果不隨時接上各種天線，保持靈敏度，就有可能被擠下來少了一回賺錢的機會。我一直覺得這國家的人民不管是生活在水平線以上還是以下的人，都保持著這樣的全天線開啟模式。

善於表達情感又喜歡稱讚別人的印度人，你要他在沒有利益糾葛的情況下對一個人說「不」好像挺難為他們的。也因此「好就是搖頭，不好還是搖頭」這樣屬於印度人的神邏輯還有特殊溝通感應，就油然而生了。

通常你表達對一件事的意見，印度人像鋼琴節拍器一樣的搖頭晃腦，代表著他有在聽你說話，對於你的內容不表示全然同意，但也沒有要反對的意思。舉例：

「這部新上映的電影好像很好看，這周末要不要一起去看電影？」

「ＯＫ！」外加節拍器式搖頭晃腦。

此時，你千萬不要百分之一百相信眼前這位印度人真的會把周末時間空下來打算跟你一起去看電影。這只是他們友善回應你的一種方式而已。那麼到底什麼時候會得到印度人確切點頭或搖頭的回答呢？通常就是跟金錢往來、嚴肅的事情這一類印度人是不會打馬虎眼，是就點頭，不行就搖頭，相當明確。舉例：

「這件衣服多少錢？」

「五百盧比。」

「太貴了，五十盧比。」

「NO！NO！NO！」

此時，你肯定可以看到印度人明確的搖頭回應外加手掌伸出來，向你說不。

★電影裡印度人搖頭晃腦的形象

這基本上是印度人每日日常，大概所有的印度影視作品都可以在裡面窺見一二。至於說到最有印象的，大概就是近期阿米爾汗主演的那部《我和我的冠軍女兒》了，片中的兩位女兒吉塔和芭碧塔就表現出多種搖頭晃腦的動作。另外 Youtube 上也有一些示範印度人「好就是搖頭，不好還是搖頭」的歡樂影片，有興趣的朋友不妨去搜尋，試著理解一下印度人的神邏輯。

◆相關電影作品：《我和我的冠軍女兒》Dangal／二〇一六年（印度）出品

2

在印度，穿短褲比露乳溝還危險

「女生去印度安全嗎？」

這是我在各地演講，分享印度點滴的時候，最常遇到的問題！這時候我給的第一個建議就是：「寧願露事業線，但是不要露大腿！」

夏季在台灣，不管是年輕美眉還是媽媽姐姐們，身材胖或苗條，穿短褲都是再正常不過的事情。反之，如果要她們露事業線或肚臍眼的，一般台灣女性是比較為難的。所以當台灣人到印度旅遊時，因應當地的炎熱天氣而帶輕便的短褲去，總覺得是正確選擇，但此舉在印度，卻會給自己帶來很多不必要的注目禮及騷擾眼光。

如果你了解印度的服飾傳統，就會發現印度女性幾乎是不穿露大腿及小腿的服裝，即使不是穿傳統服飾，但長褲長裙是必備的外出款。你可以觀察印度女明星們在電影裡的形象，多半也都是會以性感的紗麗出現，露出小蠻腰或是事業線。如果是現代感的服裝，上半身大多是較為清涼的剪裁，或是多穿長洋裝居多。如果要看到她們露出修長的美腿，這樣電影場景的設定會是在國外而不在印度。

當地人如果遇見穿短褲的外國人，樸實害羞款的印度人當然會保持禮貌不特別注視，但遇到意圖想得到些什麼的印度男性，穿短褲的外國女性總是第一個被當成對象，遭到言語騷擾或是摸大腿的情況時有所聞。

所以，下次要去印度前，記得把短褲都拿掉，帶上、穿上輕薄舒適的長褲長裙，或者嘗試穿她們的傳統服飾吧！

★電影裡印度美女露出修長美腿的形象

印度著名女星艾許維亞．雷伊（Aishwarya Rai）在婚前身材穠纖合度，不論顏值及身材在十年前可說是達於顛峰。她在二〇〇六年的那一部《幻影車神》（Dhoom:2）裡大秀好身材，一場在巴西里約熱內盧嘉年華會的熱歌勁舞，合身連身短裙的性感洋裝，修長美腿形象令人印象深刻。

二〇一七年沙魯克汗與索南．卡普爾（Sonam Kapoor）合演的電影《當哈利遇見蘇佳》橫跨葡萄牙、德國及匈牙利、捷克、荷蘭等國拍攝，女主角在歐洲的裝扮一律都是超短裙模樣，但是一回到印度，就是印度款式的長庫塔（kurta）與長裙、長褲的打扮。

看到這裡有發現了嗎？在印度不穿短裙短褲，是比較符合當地習慣及避免被騷擾的不二法門喔！

◆相關電影作品：《幻影車神》**Dhoom：2**／二〇〇六年（印度）出品
《當哈利遇見蘇佳》**Jab Harry meet Sejal**／二〇一七年（印度）出品

3 印度人「父母之命的婚姻」很普遍

為什麼印度電影這麼會說愛情故事？我想是因為很多印度人很希望可以好好的談一場戀愛。「愛情」是許多印度人一生當中最渴望而不可及的，所以滿滿的愛，在他們的心中直到有機會可以宣洩出來時，那爆發出來的火花，透過影像及台詞傳遞出來的，絕對是動盪人心。

大多數的印度人都是喜歡看電影的，如此互相循環影響，造就印度人的嘴都甜蜜蜜，每個人都像受過專業愛情訓練一樣的會討人歡心。不相信？那麼請女性同胞們走一趟印度，那裡絕對是建立自信心的好地方。其實我也覺得不吝嗇稱讚別人，以及擅於抓住機會表達情感是印度人的優點。

結婚後才開始談戀愛的印度人

有一句阿拉伯諺語是這麼說的：「西方人會因為愛情而結婚，但阿拉伯人會因為愛情而離開你。」我覺得這句話在印度人身上也通用。很多印度人年輕時談了戀愛，但最終總因為各種原因沒辦法終成眷屬，而且你會發現，最後他們嫁娶的一定都是父母喜歡的對象。也因此只要是印度式的愛情故事，不管男女主角怎麼相愛，最後一個「父母關」搞不定，不管多愛也只能等下輩子。所以每部印度電影結尾的高潮都是男女主角終於突破枷鎖，勇敢向父母表達自己對愛情的執著與忠貞，最後跟父母抱在一起痛哭的 Happy Ending，最得印度人心的原因。

還有許多印度人是早婚的，正常家庭的兒女，也許二十歲上下，父母就開始為他們找對象，不少印度人其實沒有談過戀愛就結婚了。可是弔詭的是，印度的離婚率很低，他們擅於在結婚以後開始學著談戀愛。反過來想，這樣何嘗不是另一種愛情模式的選擇。比起我們因為自由戀愛結婚，但離婚率卻高居不下的社會來說，印度這樣的「父母之命，媒妁之言」有其存在的價值與意義。

也許你會認為這樣的婚約模式，應該是住在印度鄉村，不太有機會見世面的年輕男女才會認可的方式。但許多在國外出生長大，亦或是靠自己努力出國去喝洋墨水念書工作的印度人，最後仍會按照家中父母安排娶個門當戶對，或是回印度娶一位印度老婆再一起帶去國外生活的大有人在。不少印度電影的愛情就是這樣開始的，娶一位父母認可的 Desi Girl「印度女孩」還是大部分印度人心中的最終婚姻目標，而他們打從心底相信父母的眼光與智慧，能夠為他們挑選最適合自己的對象。

★電影裡父母之命的婚姻

沙魯克汗在《天生一對》這部電影中飾演老實誠懇，生活一成不變的電力公司公務員，他偶然看見了女主角並一見鍾情，但卻苦無機會。女主角的男朋友因為意外喪生，情緒大受打擊，其父擔心女兒因此事導致心肌梗塞突發，臨終前將女兒託付給男主角。女主角沒有愛的嫁給了男主角，而男主角為了讓女主角愛上自己，也發現女主角喜歡跳交際舞，便每天一人分飾兩角，一邊當她誠懇的先生，一邊當有共同喜好的舞伴，並期待自己的太太有真的愛上自己的那一天。

◆相關電影作品：《天生一對》**Rab NeBana Di Jodi**／二〇〇八年（印度）出品

4

原來，印度人最喜歡的運動是板球

寶萊塢著名女星 Anushka Sharma，在二〇一七年底與印度板球（Cricket）國家代表隊的球星 Virat Kohli 結婚了，婚禮地點選在義大利浪漫的托斯卡尼豔陽下。這場婚禮將印度人心中兩大夢幻行業完美的做了結合，寶萊塢明星與板球明星！這在印度是多少人稱羨的職業。

印度十幾億的人口，據統計至少八十％的人會關注板球比賽。更因為印度人喜愛板球的程度到了無法想像的程度，所以雖然這是承襲英國殖民以來的運動，印度卻仍在二〇〇八年成立了「印度板球超級聯賽」（IPL），讓板球成為印度甚至是全世界最炙手可熱的運動賽事。印度板球明星的年薪，在全球體育界當中只低於美國ＮＢＡ。

起源於英國的板球運動

在英國都鐸王朝時代，亨利八世就曾經說板球是「國王的運動」，這個在英國中世紀就興起的運動，主要流行於上流社會。

比賽的方式有好幾種：經典對抗賽（Test Cricket）為期超過5天，這也是最初由英國人創立的規則。過去，英國人會在她們最喜歡的夏天舉辦板球比賽，加上英國一日多變的氣候，打到一半就下起雨來，這時上流社會的紳士們會坐下來喝杯下午茶等待天晴，於是這就成為另外一種運動的悠閒。另外一種比賽是單日賽（One Day International，ODI），50輪的比賽需時6小時。還有一種是20輪的T 20（Twenty20）。也因為單日賽的時間很長，相較於足球及籃球，轉播板球比賽的廣告收入是遠遠勝過其他運動。這也可以看出為什麼「印度板球超級聯賽」（IPL）會這麼熱門了。

這項運動經由英國的帝國主義開始傳布到今天的印度、巴基斯坦等國，直到今日「大英國協」裡的成員：紐西蘭、澳洲等國都是板球興盛的國家。連英國威廉王子與凱特王妃夫婦訪問印度期間，都不免要留下揮打板球英姿的照片，可見這項運動在這些國家人民的心中多具代表性與重要性。

★電影裡板球的形象

阿米爾汗在二〇〇一年的一部《榮耀之役》，就以印度板球為核心，將這部電影順利的推向國際，成為代表印度角逐二〇〇二年的奧斯卡最佳外語片。電影敘述一群印度農村的青年，如何運用簡陋的球具，跟裝備齊全的英國貴族進行板球比賽，企圖贏得比賽之後可以要求英國給自己的家鄉免稅三年，也期待透過運動比賽，提升民族自信，印度小老百姓也有擊敗英國上流的一天。

另一部由拉妮·穆科吉（Rani Mukerji）和沙希德·卡普爾（Shahid Kapoor）主演的《板球尤物》則是以女子為主角，敘述叫維菈的農村女孩，天生擅打板球，但她受限女子身分，只好女扮男裝混進家鄉的區域性球隊遴選，跟著一群男生訓練，接著為球隊屢創得分佳績，進軍國際，進而愛上板球教練的故事，是一部笑料百出又勵志的運動喜劇愛情片。

◆相關電影作品：《榮耀之役》**Lagaan**／二〇〇一年（印度）出品
《板球尤物》**Dil Bole Hadippa**／二〇〇九年（印度）出品

5　在印度，男性好朋友會手牽手

印度街上的人文風景千奇百怪，關於印度也有相當多的「各種莫名其妙」，看得台灣人嘖嘖稱奇。相信有去過印度的朋友不難發現當地的男性友人，都會手牽手一起逛大街，有的甚至十指緊扣或是像兩小無猜一般的小指勾著小指一起走路。看到這樣的場景不免心中ＯＳ連連：「印度社會風氣有這麼開放嗎？他們是同性戀嗎？」其實，他們真的就只是同性好朋友而已，沒有其他曖昧情愫在裡面。男性手牽手，在印度是相當普遍的情況。

在一個經濟發展快速，人口高達十幾億的國家，印度人「安全距離」的觀念是沒有辦法跟台灣或是其他歐美國家去相比的。「個人空間」還有「個人隱私」這種概念在印度，的確跟我們想像的有很大落差。印度人認定，一家人或是感情很好、情同兄弟姊妹的標準，「黏ＴＴ」是一個大方表達的方式。來到印度，就是需要用屬於印度的標準來衡量這個國家，這就是一個專屬印度的眼光！

★電影裡男性好朋友的形象

電影《柏德里納的新娘》當中，柏德里納是個純情天真的富二代。他喜歡上一個相當獨立自主的印度女孩，屢次表白倒追不成，最後看見女孩照著自己的想法擺脫印度對女性的傳統框架束縛，在新加坡當空服員成就自己的一片天，覺得深受女孩感動，進而也開始改變自己對人生的想法。

電影中當柏德里納某一次告白失敗之後，一直在他身邊的好哥兒們索米德威，就在大街上牽起他的手，一邊安慰他一邊走回家，兩個人就這樣維持小指勾小指相親相愛的哥兒們模樣，是電影裡很逗趣的一個畫面。

◆相關電影作品：《柏德里納的新娘》**Badrinath Ki Dulhani**／二〇一七年（印度）出品

6
變性人，數一數二多的國家之一

大家都知道泰國的變性人（又稱第三性人）很出名，但印度的第三性人口粗估也約莫有百萬人。在電影中也常會看到在婚禮的場合，有這些第三性人前來祝賀新人，跳舞與祈禱念經文的畫面，而這些第三性人有一個專門的稱呼叫做「海吉拉斯」（Hijras）。

神的使者：海吉拉斯

在《羅摩衍那》史詩裡記載，毗濕奴（Vishnu）的第七個化身羅摩（Rama）是拘薩羅國（Kosala）十車王（Dasharatha）的長子。羅摩比武獲勝，娶了彌提羅國（Mithila）的公主悉多（Sita）為妻。十車王本來要立羅摩為下一任國王，但他被第二位皇后蠱惑改變心意，改立婆羅多為下一任國王。羅摩自願流放在外成全弟弟回國繼承王位，可是婆羅多知道真相以後要把王位還給哥哥，但羅摩堅持要在外流放十四年才回去，於是婆羅多將羅摩的鞋子放在王位上，自己擔任攝政王之位。

羅摩的妻子悉多陪著他一起在外流放，十四年的時間許多跟著羅摩一起出來的隨從都離開了他，最後只剩下一位海吉拉斯隨侍左右，並直到最後。因此印度人相信海吉拉斯有羅摩的祝福，也有其相對應的法力。最開始這樣的閹人是有其神聖的地位，10至15歲的男孩決心將這一生奉獻給神以後，就會與原生家庭脫離關係，來到全新的「公社」，由所謂的教母來決定自己何時開始新的人生。

現代印度社會如何看待海吉拉斯

最初的海吉拉斯們是嚴守清規，不與外界接觸的群體。因為身分特殊，所以印度人相信被他們著名可以帶來好運，被他們詛咒則會有厄運。因此部分地區的喜慶場合都會主動邀請海吉拉斯到場表演祝福。但隨著這個群體漸漸龐大，屬性不再像過去那樣單純神聖，從事色情交易與吸毒者漸漸的都混入這個群體，讓海吉拉斯的名聲每況愈下。目前，印度的海吉拉斯們正積極透過自身的努力，在政界與時尚界等地得到不錯的成果，企圖找回屬於海吉拉斯們應有的力量與地位。

車陣中的海吉拉斯正在向過路駕駛們祈福與討賞。

二〇一四年四月起，印度最高法院宣佈從法律上承認第三性人士。二〇一五年印度就出現了第一位第三性人士瑪都・金納（Madhu Kinnar），當選了印度恰蒂斯加爾省（Chhattisgarh）萊加爾市（Raigarh）的市長。這就是一個相當成功的案例。

★電影裡海吉拉斯的形象

二〇〇八年的電影《帝國玫瑰》，是一部氣勢磅礴的宮廷愛情戰爭片，背景正是大家熟知的蒙兀兒王朝，正值阿克巴大帝向外擴張版圖的時代。電影中有許多位在阿格拉紅堡的後宮場景，你會發現印度與中國一樣，長日寂寞的後宮女子大多也都是由宮女及海吉拉斯陪伴。電影中，女主角珠妲的後宮總管就是一位喳喳呼呼的海吉拉斯，角色十分逗趣。

◆相關電影作品：《帝國玫瑰》Jodhaa Akbar／二〇〇八年（印度）出品

7 在印度，到處都有好多的王子與公主

印度這個古老國家，幾千年來都是土邦、王國林立的狀態，統一占的時間是少數。因此數千年來，在印度這塊土地上少則一百多個，多則五百多個邦國，各自多元發展，東南西北的造就了屬於各地的璀璨文化，並遺留下大量的城堡及王室傳統遺產。即使到現代，雖然是個民主共和國，但王室在各地的影響力還是很大，有生意頭腦的王室將自家城堡部分拿來當作頂級的觀光飯店，讓來自世界各地的旅客可以有機會一探印度王室的生活。例如北印度有名的烏代浦爾（Udaipur），那座「湖上皇宮

北印度烏代浦爾著名的湖上皇宮，是以前國王專用的度假皇宮。（© 阿曼達林）

飯店」（Lake Palace）就曾榮登世界各旅遊評論中，「此生必住」的飯店之一。

印度阿加汗王室與超模王妃

這些王室後裔們，發展好的家族依然富可敵國，例如全球十大富豪王室之一的「阿加汗王國」（Aga Khan），它們家族就掌控了歐洲種馬及賽馬業、航空、製藥、飯店、網路科技等各大產業，擁有像《一千零一夜》般的傳奇財富。著名的卡里姆國王阿加汗四世（Prince Shah Karim Al Hussaini, Aga Khan IV）是第49代世襲的伊瑪目[註]，也是全球一千五百萬什葉派中，「七伊瑪目派」的精神領袖。他娶了英國超模，生下拉希姆王子、莎拉公主及胡賽因王子。這三位王子及公主都各自嫁娶超模，但最令稱道的就是大王子拉希姆在前幾年娶了美國超模肯德拉·斯皮爾斯（Kendra Spears），斯皮爾斯一躍成為莎瓦·阿加汗王妃。全家的顏值與身高還有財富全都成正比！

註　「伊瑪目」原是阿拉伯語中「領袖」之意。阿迦汗這一派是伊斯蘭先知穆罕默德的直系後裔，地位相當崇高。

印度巴羅達大公夫人的寶石

在二十世紀有位「印度溫莎公爵夫人」（Indian Wallis Simpson）的巴羅達大公夫人（Maharani of Baroda），最喜歡將夫婿王冠上的寶石拿去歐洲重新切割加工，成為當時最流行的款式。她最有名的收藏，莫過於在一九五〇年訂製的「巴羅達項鏈」，又名「蓮花」（Lotus）項鏈或「印度」（Hindu）項鏈。據說她個人收藏的寶石就多達三百多件。

巴羅達位在古吉拉特邦的第三大城市瓦杜達拉（Vadodara），十八世紀開始由蓋克瓦德王朝統治，直到一九四九年才加入印度。在英國殖民印度期間，只有巴羅達與海得拉巴、邁索爾的大君、查謨和喀什米爾，有權獲得21發禮炮的特殊禮遇規格，這是屬於印度級別最高的土邦、王國之一。這個王國的主要財富來自棉花、糖、米及麥，二十世紀初開始發展、經營銀行產業（Bank of Baroda），目前為印度第二大銀行，僅次於印度國家銀行。

★電影裡王子的形象

個人喜歡的印度王子扮演者是來自巴基斯坦的型男演員法瓦・阿夫札・汗（Fawad Afzal Khan），他和索南・卡普爾（Sonam Kapoor）主演的《皇室奇遇記》與美國迪士尼合作，是個人心目中最歡樂、浪漫的印度王子與王室的故事。不過３Ｋ天王之一的沙爾曼汗（Salman Khan）也是一位王子專用戶，他在二〇〇八年就有一部以《王子》（Yuuvraj）為名的電影，電影歌曲相當好聽。近年，他有一部賣座的電影《王子復仇記》，一人分飾兩角，故事是一位現代某邦國的王儲被親弟弟陷害，馬車翻覆墜落山谷，王宮總管不願意王子意外的事件曝光，就找了一位長相一樣的純樸男子進宮扮演王子的角色，然後平民王子愛上公主，又遇上真王子甦醒歸來的錯綜複雜的印度式愛情故事。印度王宮的華麗與細膩還有氣宇軒昂的王子裝扮，讓人不愛上印度王子都難。

◆相關電影作品：《皇室奇遇記》Khoobsurat／二〇一四年（印度）出品
《王子復仇記》Prem patan dhan payo／二〇一五年（印度）出品

8 印度河古文明，竟然是在巴基斯坦！

所謂的印度河古文明，是指「哈拉巴文化」（印度的本土文明）和「阿利安文化」（外來的吠陀文化）。哈拉巴文化位在印度河上游，以摩亨佐達羅（Mohenjo Daro）及哈拉巴（Harappa）最為著名。這兩座城市相距約六百四十公里，具體位置是位在今天的巴基斯坦境內。

這些城市文明的特色是已經有城市規劃，分成衛城（政教中心）及下城（工商與住宅），人口已經大約有三萬多人，這在距今約五千年前已經是相當大的城市。城市主要的經濟基礎是農業，當然也有跟當時遙遠的鄰居「兩河流域」文明做生意，當時文明的程度是屬於青銅器的時代，雖然留下了泥製的印章，但是這些文字目前尚未解譯出來。

不過關於這個哈拉巴文明，最令人津津樂道的是它消失的原因。符合推論的解釋都是說因為河道改變，所以農產量降低，造成糧食危機影響人口。也有一種說法是因為阿利安人入侵，造成人口大量銳減。但是最多人喜歡討論的還是跟「核死丘」有關的原因。

五千年前的核爆讓印度河古文明消失？

印度最長的史詩《摩訶婆羅多》，裡面記載王室之間兄弟鬩牆的一場俱盧大戰，戰爭爆炸的場面描述得相當生動，簡直就是與二戰時期廣島被丟原子彈時爆炸的場面類似。根據探勘報導曾經顯示，過去發生大戰的地點，還有一大片留著高溫爆炸後留下的黑色玻璃物質的痕跡，當地人稱那片地方為「蘭卡」，經過科學測試，這裡的確有核能量的數據。

大家不斷的討論究竟「為什麼幾千年前的史詩，可以把核爆的情形敘述得那麼清楚？」這個就跟金字塔是如何造成的一樣是個歷史之謎了。或許多看幾集「關鍵時刻」能夠揭開些許的祕密吧！

★電影裡的印度河古文明是什麼模樣？

印度電影中常用《摩訶婆羅多》及《羅摩衍那》兩大史詩中的情節，作為編劇的雛形，真正以西元前古早歷史當作背景的電影少之又少。不過二〇一六年由寶萊塢一線男星李提克．羅森主演的《摩亨佐達羅》，電影劇情雖說是以娛樂為考量，但是該片導演 Ashutosh Gowariker 對於場景及道具的製作倒是要求蠻細膩的。電影中跟男主角身分息息相關的印章，和歷史課本中，印度河古文明出土的泥製印章長得幾乎一模一樣。至於對這個古文明消失的原因，電影中也依據較為合理的印度河改道為背景，作為劇情的鋪陳，在最後河道潰堤的部分拍得頗為精彩。

雖然最後不管是印度還是巴基斯坦的觀眾對這部電影不太買帳，但不可否認的，這部電影是近年來讓大眾對於這個五千年前燦爛的印度文明，藉由電影的呈現，可漸漸想像出來。至少，它稍稍的將遠古時代形象具體化，這大概就是我們能夠最接近印度河文明的一個方法了吧！

◆相關電影作品：《摩亨佐達羅》Mohenjo Daro／二〇一六年（印度）出品

9 印度教主神之一的梵天，是「四面佛」

梵天是印度教的三大主神之一，同時也是創造之神。根據大部分宗教的神話體系來說，「創造」相當於至高無上的造物主，應該是最受人崇敬的神祇，但是為什麼在印度，屬於梵天自己的神廟屈指可數？印度人崇拜另外兩位主神「濕婆」與「毗濕奴」的信徒卻遠比梵天要多太多了。

為什麼，梵天在印度信徒越來越少？

印度教創世說的系統有三種說法：當洪荒一片虛無的時候出現一顆大金蛋，後來金蛋孵化成為梵天，梵天一手頂天一腳踩地打開了天地，開始創造萬神萬物。但毗濕奴派的信徒則認為大金蛋孵化後先出現毗濕奴，之後才由毗濕奴的肚臍中生出蓮花，梵天由蓮花而生。濕婆派信徒則說大金蛋同時孵化梵天、毗濕奴及濕婆，他們各自掌管創造、保護與毀滅。

人們相信梵天的創造能力，所以當他創造辯才天女想要當成自己的女兒時，卻又為她的美麗與才藝傾倒，愛上自己的女兒娶為妻子，所以開始受到世人質疑他創造之神的無上地位。而且，梵天的確也是隨心所欲的神祇，常常創造出新的神，但卻隨意給予法力，等到無法收拾了，再把爛攤子丟給毗濕奴跟濕婆去解決，長期下來，梵天會失去信徒也只是剛好而已！

梵天如何成為四面佛？

本來梵天應該是有五顆頭的，因為祂想要365度無死角的看著辯才天女的美貌，但是因為實在太不符合創造之神的該有的行為，所以濕婆神砍下了其中一顆頭，於是梵天就變成四顆頭的形象。

印度教的前身是婆羅門教，影響了佛教與耆那教的產生。八世紀之後，婆羅門教革新為現代所熟知的印度教，而從西元前六世紀開始，婆羅門的思想早已融入佛教之中，因此許多印度教的神祇，也有佛教的身分。

嚴格來說四面佛應該稱作「四面神」，但在佛教當中梵天是佛的護法，被稱為南無大梵天王，所以也被稱為四面佛。在印度，信徒不多的梵天信仰，經由佛教的傳布在泰國奠定了尊榮地位，成為信徒眾多的四面佛信仰，並一路影響到台灣及世界各地。

★電影裡梵天的形象

香港導演韋家輝執導的《喜馬拉雅星》雖然是一部港片，但是卻在傳統的笑鬧賀歲片當中，大膽的加入了印度教創世體系的概念。在電影中分為三條主線，其中鄭中基飾演的阿星就是代表想要體現人間貪嗔癡顛之苦的梵天，當他來到人間體驗喜怒哀樂之後，覺得人世間是一場夢。所以當他入睡之後，世界重新洗牌，人類的文明從石器時代從頭開始。

電影呈現的意念，正符合梵天睡醒代表萬物新生，梵天的入睡代表萬物毀滅，周而復始的印度教神話體系。

◆相關電影作品：《喜馬拉雅星》Himalaya Singh／二〇〇五年（香港）出品

PLUS

印度人除了拜神，也拜「巴巴」與「古儒」

在千變萬化各種神的化身的印度宗教中，還有一種受到萬民景仰的就是「巴巴」（Baba）的信仰了。在印度，被尊敬的人會用「巴巴吉」（Babaji）來稱呼，如果有看過《項塔蘭》這本書，會發現從澳洲越獄逃去孟買貧民窟的男主角，也是這本書的作者葛雷哥里·羅伯茲（Gregory David Roberts）就被印度人稱呼為「林巴巴」。

印度人視「巴巴」為一種「道成肉身」（Avatar）的形體，簡單來說就是神的化身的人間顯像。造物主每過一段時間就會降下一位人類化身到人間來幫助大家，引導人類靈性的成長，帶領大家進入一種充滿愛的生活模式當中。有信徒將這種「巴巴」信仰寫成了一條公式：

真理↓簡單↓愛↓服務↓摒除「小我」↓實現「神」的旨意

在馬來西亞的印度超市，第一次發現賽巴巴線香

被印度人認為是「巴巴吉」的人，會被當作聖人偶像崇拜，其中知名度最高的莫過於「實諦・賽巴巴」（Sri Sathya Sai Baba）了。他自稱是印度教與伊斯蘭教兩教轉世的聖人，出生於二十世紀初期，並於二〇一一年去世。

「實諦・賽巴巴」在印度幾乎無人不曉，關於他顯現神蹟救苦救難的紀錄很多，海內外的印度人當中遍布他的信徒。他還主持飲水工程計畫及蓋醫院、辦學校。當然，有人崇拜也就會有人質疑，關於他的負面消息也不是沒有。

對於我來說，第一次接觸到「賽巴巴」是在馬來西亞的印度超市當中，當時抱著新奇的心情在印度超市「獵奇」，便看到印著大大的爆炸頭，還寫著Sai Baba味道的線香，於是我立刻拿起來聞，心想這個蠻有力量的味道應該可以幫忙驅除壁虎之患吧！結果壁虎還是一樣多，但我卻對這位形象鮮明的「賽巴巴」烙下鮮明的印象。之後周遊在馬來西亞各州的城市中，時不時都會在錯落的小印

PLUS

度區街道裡發現「賽巴巴」的會所，不得不承認「賽巴巴」信仰真的存在許多印度人的心中，信仰深刻不移。

舍地．賽巴巴 與印度詹西女王

相較於接近上帝傳播福音顯神蹟路線的「實諦．賽巴巴」，肉身顯現時間更早的是，出生在十九世紀的「舍地．賽巴巴」（Shirdi Sai Baba）。這位賽巴巴一樣終身未婚，並長期在印度楝樹下打坐修行，這個「舍地」就是以當初他打坐的小鎮來命名的。小鎮當中有人對他的行為認同，也有些人反對。

出生在蒙兀兒帝國末期的他，致力於印度教與伊斯蘭教之間的和平共存。後來英國

這是位在馬來西亞怡保印度區上的舍地．賽巴巴會館，巴巴信徒遍布各地。

東印度公司對印度的入侵越演越烈，他便投身印度南方馬拉塔帝國中的一個土邦小國——詹西（Jhansi），幫助詹西女王對抗英國的殖民，帶領一場印度民族起義。

一八四二年美麗的公主拉克希米（Lakshmibai），嫁給詹西土邦國王之後，生下一個兒子。可惜的是，孩子在出生後四個月就夭折，國王傷心不已，拉克希米在國王病危之際領養了年幼的養子；養子是國王表哥的兒子。國王病逝後，還不到二十歲的拉克希米就成了寡婦，並暫時代理國政成為詹西女王。

在當時，由養子來繼承王位是順理成章的共識，不料想要兼併詹西王國土地的英國人推翻了養子繼承的做法，宣稱必須要由親生兒子才能繼位，否則英國就要直接接管詹西王國。此舉引起詹西女王不滿，也成為反抗英國統治起義的導火線。當時，反抗英國往印度獨立邁進的第一聲槍響，已經由猛卡班迪（Mangal Pandey）打響，詹西女王便搭上了抗英起義的列車，勢如破竹的浴血奮戰，身中數刀的她血流不止，衝出敵軍陣營，倒臥在樹林，最後光榮戰死於印度中央邦的瓜廖爾一役當中。

PLUS

為了不讓英國人汙辱她的屍體，女王死後立刻火化，骨灰被安葬在瓜廖爾城外的羅望子樹之下。光榮犧牲的詹西女王成為印度人心中的傳奇人物，現在印度各地都有女王揹著年幼的養子，騎在馬上作戰的英姿雕像，甚至有印度國家女子軍隊以「詹西軍團」（Rani of Jhansi Regiment）來命名。

另一方面，結束起義活動之後，舍地・賽巴巴又回到故鄉繼續修行，舍地也因此成為印度教與印度伊斯蘭教的聖地之一。

各種苦行僧路線的巴巴們

有許多人用苦修的方式來為人類祈福，這樣的修行者也會被稱為「巴巴」。在印度這個人口大國，出現過好幾種不同形式的苦修巴巴們，其中一位是保持高舉右手祈福的「舉手巴巴」，他的右手幾乎不曾放下也不曾剪指甲，後來右手甚至萎縮得不像話。另一位是「站立巴巴」，他通過永遠不坐下來的方式為人類祈福，吃飯睡覺都靠幾根繩子來維持站立平衡，連睡覺都是站著睡覺。他的雙腿也

PLUS

已經因為過度站立而腫脹不已。關於他的事蹟，在《項塔蘭》這本書也有提到過。其他還有透過從印度翻滾幾千公里到巴基斯坦，用來祈求印巴和平的「翻滾巴巴」。

這些巴巴們用著自己認可的方式，持續不懈的進行自己在世為人的修行之路，他們也是印度信仰當中另一頁不能被忽略的篇章。

10

印度通用的官方語言有22種

最早在《舊約聖經》當中，人類本來就是說同一種語言，但是人類高估自己的能力，想要合力建造一座通天的高塔來展現力量，上帝知道了之後，便打亂了建塔的人所說的語言。後來因為各說各話，無法溝通，就沒辦法完成通天塔的工作。這是一場上帝對人類傲慢的懲罰，這段「巴別塔」的故事相當有名，卻也可以讓人得到省思。很多時候只能意會不能言傳、眼神交流、心領神會，不都是人類情感當中最妙不可言的一種溝通方式嗎？

印度這樣的古文明國家，幾千年來發展出的語言超過兩千多種，現在的印度規定的語言官方語言有22種[註]，不管是新版或舊版的印度鈔票上，除了甘地的頭像之外，還印上了15種語言的寫法，一張印度盧比可說是認識印度多語言的最佳範例。

印度人互相用什麼語言溝通？

很多人看我這麼喜歡印度，問我有沒有學印度文，其實我有短短的學過一陣子印地語（Hindi）。但是一來字母太難，二來發現還是練習能夠行雲流水的與印度式英文溝通比較實際，所以我懦弱的放棄印地語的學習。

印度人其實有點類似台灣人，可以同時講中文、閩南語及客家話；亦或是馬來西亞華人天生擁有馬來語、華語、英語與祖籍方言這樣的語言能力。一個印度人至少會說三種以上語言的不在少數，假設你住在德里，你一定會說印地語，又因為你是一位穆斯林，所以烏爾都語也流利，然後你受過不錯的教育，英語自然是沒問題。類似這樣通曉三種以上語言的印度人是很多的！

粗淺來分的話，孟買以北的人，你用印地語可以打遍半數以上的天下，但印地語到南印度就不太有用武之地了。一部講印地語的電影到南印度播放，需要打上字幕，因為觀眾聽不懂（話說印度文盲頗多，印度電影並不一定有字幕，聽力是王道）。所以來自印度大江南北的人，如果相遇了，他們最後是要用英文來溝通。

至於在印度上流社會中，也以能夠說流利的英文為榮。如果身在一個不錯的家庭卻沒有辦法說英語，是會被嘲笑的；這點在印度電影《救救菜英文》（English Vinglish）中有很寫實生動的演繹。

人生起跑線

二〇一七年賣座電影《人生起跑線》（Hindi Medium）則詮釋出虎媽、貓爸為了讓女兒贏在起跑點，想方設法的要取得貴族學校入學許可的故事。電影中，虎媽要求女兒要以英語作為日常用語，不然會被上流社會看不起；白手起家致富的貓爸，則是一口流利的印地語，英語卻不太靈光。這場教育大作戰起伏、波折，也逐漸反轉學習與教育的觀念。這樣的劇情勾勒出的印度社會現況，與華人相似，可見印度「望子成龍，望女成鳳」其實與台灣很合得來。說到這裡，不免老話一句：要多聽老師的話，因為「英文，真的很重要！」

★電影裡關於多種語言的省思

電影《來自星星的傻瓜》當中有說到PK的星球是不需要語言的，人們是用意念互相交流。當他誤打誤撞來到地球，發現一個字acha（印地語Hindi「好」的意思）發長音、短音，外加面部表情都讓這個字代表不同意思，因此他也花了6個小時才學會這個語言。

這是一部以「打錯給上帝電話」為省思延伸的電影，也許不光是在信仰的方式上需要反省。古人說「言多必失」或是「禍從口出」，絕對有亙久不變的道理。也許就讓我們力行「少說話多做事」、「微笑是最好的語言」這樣的溝通準則吧！

◆相關電影作品：《來自星星的傻瓜》**PK**／二〇一五年（印度）出品

《人生起跑線》**Hindi Medium**／二〇一七年（印度）出品

【註】官方語言列表

1. 阿薩姆語（阿薩姆邦官方語言之一）
2. 孟加拉語（特里普拉邦與西孟加拉邦官方語言）
3. 博多語（阿薩姆邦官方語言之一）
4. 多格拉語（查謨－克什米爾邦官方語言）
5. 古吉拉特語（達德拉－納加爾哈維利，達曼－第烏和古吉拉特邦官方語言）
6. 印地語（安達曼和尼科巴群島、比哈爾邦、昌迪加爾、恰蒂斯加爾邦、德里、哈里亞納邦、喜馬偕爾邦、恰爾康得邦、中央邦、拉賈斯坦邦、北方邦和烏塔蘭契爾邦官方語言）
7. 卡納達語（卡納塔克邦官方語言）
8. 克什米爾語（查謨—克什米爾邦官方語言之一）
9. 孔卡尼語（果阿邦官方語言）
10. 邁蒂利語（比哈爾邦官方語言之一）
11. 馬拉雅拉姆語（喀拉拉邦和拉克沙群島官方語言）
12. 曼尼普爾語（曼尼普爾邦官方語言）
13. 馬拉地語（馬哈拉施特拉邦官方語言）
14. 尼泊爾語（錫金邦官方語言）
15. 奧利亞語（奧里薩邦官方語言）
16. 旁遮普語（旁遮普邦以及印度其它旁遮普地區官方語言）
17. 梵語
18. 桑塔利語
19. 信德語
20. 泰米爾語（泰米爾納德邦和本地治里官方語言）
21. 泰盧固語（安得拉邦官方語言）
22. 烏爾都語（查謨—米爾邦官方語言之一）

＊資料參考：維基百科

Chapter

3

印度美食樣貌

香料X奶茶X甜點X素食

在這個篇章，就讓我們透過印度的美食文化再搭配既有的電影場景，來拉近與印度之間的距離。熟讀完這個篇章，前往印度旅遊時，再也不擔心水土不服，也能吃對食物，大啖美食。

1

咖哩，就是香料的總稱

南印度喀拉拉邦（Kerala）的柯欽（Kochi）是一座港口，也是古代海上絲路的重要貿易據點。不過，距離柯欽約6小時的庫米利（Kumily）則是香料原產地之一，當中又以經濟價值最高，又可稱作香料之王的小豆蔻為主要交易商品。你我所知、餐廳也常見，印度著名的香料奶茶，必不可少的一項香料就是荳蔻。

至於，我們常常說的「印度咖哩」，許多人以為這是一道菜名，但咖哩其實就是香料的總稱而已。因此每位掌廚的人，無論是廚師還是婆婆媽媽，每個人都有自己一套對各種食材相對應的香料配方，把很多香料mix在一起，就是「咖哩」；印度人則會用「馬薩拉」（Masala）來稱呼這種綜合香料的味道，而這種味道相信也是許多人對印度最熟悉的一種氣味。也因此，搭配各種食材的咖哩，應該都是完全不同的味道跟色澤。所以如果哪一天你去印度餐廳點了雞肉、海鮮、蔬菜、乳酪等各種咖哩，吃起來味道都一樣的話，那肯定就是完全不道地的印度餐廳了。

各式香料功效小百科

香料	功　效
黑胡椒	幫助消化／緩解肌肉痠痛和僵硬／瘀青／手腳冰冷／改善虛寒體質
荳蔻	減輕消化不良並維持平衡／促進呼吸系統／紓緩胃部不適
丁香	牙痛／齒齦炎／抗氧化／甲狀腺／抗癌／促進血液循環／消化腸胃問題／改善高血壓及低血糖
肉桂	促進血液循環／抑制細菌繁殖
茴香	改善痛風／改善腎結石／調節女性生理系統／哺乳（增加乳量）／經期不適及舒緩更年期問題
薑黃	活血化瘀／行氣止痛

大致上，咖哩的成分來自薑黃、胡椒、荳蔻、丁香、肉桂等不同香料的組合。這些香料都是對身體、心靈很有幫助的食材，而且這些天然素材除了作為食物來療癒身心之外，也會被作成精油，在世界各地的飲食界還有精油界發揮著無遠弗屆的影響力。至於在印度餐廳大門櫃台擺上的那一盤小茴香，則是讓顧客免費取用，因為小茴香可以幫助去除用餐後的口中異味。

★電影裡的印度香料

印度女星艾許維亞．雷伊（Aishwaya Rai）多年前，曾經到美國拍過一部以香料為主角的電影，電影場景位在舊金山。故事將她角色設定成香料聖女，意思就是她是非常了解香料，並且能使用香料魔力替世人解決煩惱及生病的問題。要保有這項天賦能力，得永遠不離開那間香料魔法店，當然她也就失去談戀愛的機會，直到一位受傷的男子來到她的店中，開始了兩人的情緣……。

◆相關電影作品：《濃情戀人香》**The Mistress of Spices**／二〇〇五年（美國）出品

還在樹上的胡椒，是印度重要的香料。

2

奶茶，一天喝五杯也不膩！

大叔的奶茶小鋪，是印度街頭最暖心的美食日常。

在印度 Chai 是一定要會的單字，印度人早上、下午、晚上只要有空，就會在隨處可見的奶茶小鋪來杯熱呼呼的現煮奶茶。

街頭飄散的濃純香

印度的牛奶來源很新鮮，每天都會有賣牛奶的小販前來兜售新鮮牛奶，所以印度家庭主婦及店家每天只買「當日所需用量」的新鮮鮮奶，因此這種牛奶煮出來的味道，就是比我們自己在超市買的加工過的奶製品要好喝許多。在印度，因為貧富差距大，所以基本的奶茶就是現煮紅茶葉與牛奶約一半的比例，然後加糖；如果是條件好一點的，就會加入香料。最基本，也少不了的是豆蔻粉，當然家家戶戶都會有自己的配方，只要是加入很多種香料的就可以稱作 Masala，因此 Masala tea 也是奶茶的稱呼，一般都翻譯成香料奶茶。

印度街頭的奶茶小鋪貌不驚人，甚至很簡陋，但光是那看川流不息的人潮，就足以斷定那一定是很好喝又道地的奶茶，有的是連很多警察也會前來喝上一杯，稍事休息的香醇美味。印度奶茶很小杯，約莫不超過 100cc，價格大概是 5 塊新台幣左右。通常都是用陶杯或玻璃杯裝，現場喝完再走。搭火車時，在月台也會有提著奶茶桶兜售的小販，這些都是印度最有趣的人文風景之一。懂得跟上印度人的步伐喝上一杯奶茶，也才算是稍稍懂了一些印度飲食的精髓之一。

印度奶茶輕鬆煮

最簡單的印度奶茶，其實就是用紅茶茶葉來煮。在小鍋中倒入鮮奶及水，比例是２：１（牛奶比水多）這樣才會夠香濃，煮開後濾掉茶葉，再依個人喜好加糖，就是最簡易家常的印度奶茶。通常會建議不要用紅茶茶包煮，用茶葉煮出來的茶香味才會比較濃，我自己的習慣則是會再去印度人開的商店，購買來自印度，標榜「煮奶茶好喝」的茶葉來使用。另一種更有道地印度味道的奶茶，是加入一小匙豆蔻粉的版本，小小一瓢就可以讓整鍋的奶茶瀰漫來自印度的氛圍。下次有空時，不妨在家試煮看看，有的時候最簡單的事情，會帶來許多意外的喜悅跟幸福感。

★電影裡的印度奶茶

二〇一四年寶萊塢與美國迪士尼合作了一部，講述女性運動復健治療師，來到充滿悲傷回憶的王宮裡，替不良於行的老國王做復健的電影。女復健師大咧咧的個性及陽光亮麗的外表，吸引了憂鬱嚴謹王子的目光，而她的到來也改變了王宮裡的氣氛。

在電影中，王子開著跑車載女主角到另一座城堡談商業併購計畫，途中王子停在沙塵飛揚的路邊小店說：「這裡有最好喝的印度奶茶！」跑車、王子與路邊奶茶小店，交織出印度獨有的奶茶風景與飲食文化。

◆相關電影作品：《皇室奇遇記》Khoobsurat／二〇一四年（印度）出品

3 美味的印度飲品

除了印度奶茶（chai）之外，印度的其他飲品也是一絕！尤其是水果，因為產量豐盛，價格也低廉，所以來到印度千萬記得要常去喝現榨的新鮮果汁，絕對有滿滿的幸福感。

新鮮果汁

南印度常常可見到販售新鮮椰子的水果攤，現剖的椰子不稀奇，能夠吃到椰殼內的椰子果肉也不稀奇。因為印度的椰子小販就是可以很有藝術感的把削下的椰殼，俐落的切成一個小湯匙，讓你吸飽椰子水之外，還能用天然的椰殼當作湯匙盡情地享用椰肉，跟他們的芭蕉葉餐盤一樣的天然概念，值得按讚。

還有，印度街邊也常見到現榨甘蔗汁，但跟台灣不同的是，他們的甘蔗汁會加上現榨的新鮮檸檬，一甜一酸中和出來的味道相當驚豔又清爽。如果擔心衛生問題的話，就不要拿搾好放在攤位上的成品，叫老闆直接在你面前現榨一杯，安心程度應該提高百分之九十了吧！

印度優酪乳 Lassi

Lassi 一字源自於旁遮普，其實就是我們熟悉的優酪乳。但是因為世界各地的奶製品味道略有不同，再加上水質與天氣，因此印度的優酪乳就是比台灣超市賣的優酪乳香濃醇。最傳統的印度優酪乳味道是鹹的，不過後來隨著普及且日漸受歡迎的關係，口味也從酸的、甜的發展到有「水果變化款」，像是芒果 lassi、荔枝 lassi，其中又以芒果 lassi 的點播率最高！來到印度，幾乎很多台灣人都喜歡點上一杯芒果 lassi 感受印度飲品的魅力。

除了正常口味的 lassi 之外，如果你在印度某些城市，例如：瓦納拉西、齋沙默爾、拉賈斯坦等地，看到 special lassi 的字樣，可就要稍微提高警覺；因為 special 指的就是少量的大麻。在印度教神話當中，大麻是濕婆神喜歡的植物，印度教著名神話《乳海翻騰》中，巨蛇不堪乳海過度的攪動而噴出毒液汙染人間，濕婆神吞下毒液拯救眾生，祂的老婆雪山女神就給祂喝了大麻汁減低痛苦。

因此在印度碰上荷莉節（Holi）或是濕婆神的慶典，就會出現賣special lassi的地方。建議淺嘗即可，千萬不要過度飲用，不然引用後會過興奮，讓你忘記自己原來是什麼樣子啦！

檸檬蘇打

到了印度如果怕拉肚子的話，那麼建議點上一杯罐裝的氣泡水。通常，店家會另外切上兩片新鮮檸檬浸在氣泡水當中，這就是一杯很健康又有助整腸、健胃的飲品了。也許是受到英國殖民的影響，印度的氣泡水蠻普遍的，售價也不像台灣這麼貴。喜歡喝氣泡水的朋友，在印度不妨天天點上一杯檸檬蘇打，這應該是很符合健康概念要求的飲品。

★電影裡的 special lassi

電影《只要為你活一天》就曾出現喝 special lassi 的場景。婆羅門種姓的女主角跟著男主角來到慶典的活動現場，飽受嚴格家庭教育、受指責的女主角心情非常不好，來到慶典時，看到男主角向 lassi 小攤販點了一杯 special lassi，就跑上前去，一把拿起並喝下老闆為男主角調的加強口味 lassi。不過男主角有練過，像小白兔一樣的女主角喝了幾口添加了大麻的 lassi，立刻就像飛天一樣，展現出連她自己都認不出的舉止與模樣……滿會場的旋轉起舞，讓男主角也因此看見女主角天真動人的另一面。

◆相關電影作品：《只要為你活一天》**Sanam Teri Kasam**／二〇一六年（印度）出品

4

眾神們最愛的道地印度甜點

在印度，甜品的統稱叫做Mithai，這些甜點就是一種甜死人不償命的境界！但其實後來細想，台灣賣甜點的商家，除了有標榜「我們家的甜點不會很甜」會受大眾青睞之外，走出台灣以外的地方，每一國的甜點對我們來說都是很甜、很甜、很甜！

印度糖耳朵／杰里必（Jalebi）

這道甜點在印度街頭相當常見，在伊斯蘭世界也是受歡迎的甜點。利用小麥麵糊（混和優格與麵粉，有些會放上食用色素）發酵一天後，再用手打到讓麵團呈現出筋度，然後直接在滾燙的熱油中炸出一圈又一圈的杰里必，炸好的杰里必外表酥脆，泡在特製的糖漿裡，就成為大街小巷受歡迎的甜點。

杰里必又稱「印度糖耳朵」，是印度街頭最常見的甜點之一。

圍在小攤旁看著一圈一圈的甜點成形，是一種視覺上的療癒，初咬一口後，在嘴裡劃開的甜味是一種印度式的滿足，但真的很甜！對於身為台灣人的我們只能淺嘗即止。

小圓仔／拉杜（Laddu）：猴神哈奴曼的最愛

走在印度的街道上，看見許多賣甜點的店鋪都會很好奇，但總是會被它們甜膩到腦充血的印象給阻止，永遠在門口卻步。不過這個小圓仔卻例外，它除了模樣討喜之外，受到電影《救救菜英文》的加持，讓我再次踏進甜點店，想說要品嘗猴神哈奴曼最喜歡吃的甜點究竟是什麼滋味？

小圓仔的口味有很多種，像是：花生、椰子粉、鷹嘴豆、芝麻、各式堅果類等，最常見的是外形帶顆粒狀的黃色圓球。作法是用小麥粉加入其他口味所需的粉類，用水拌成較稀的稠狀麵糊，再用有小洞的勺

猴神哈奴曼最喜歡吃的甜點：小圓仔。

子，讓稠狀麵糊穿透過小洞進到油鍋裡，炸成一鍋香酥口感的小顆粒。最後用稠狀的糖水，將眾多小顆粒以手捏塑成圓球形，就成了有酥脆口感的小圓仔了。如果喜歡，也可以在裡面加上堅果內餡，豐富口感。

小圓仔吃起來有點像華人過年常吃的甜點「蘇荖」的味道，在印度也是婚宴、節日等喜慶場合必見的點心，十分受歡迎。小圓仔與其他口感較厚重的甜點比起來，算是比較爽口、可接受的。到印度想吃甜點又怕吃到太甜的，可以試買一顆吃吃看。

玫瑰蜜糖球（Gulab Jamun）

這道蜜糖球在印度甜點的出現率也很高，而且是個人認為甜度指數爆表的第一名！從北印度到南印度，甚至到新馬及台灣的印度店家，每嘗一次就更驗證一次這個甜點的厲害。蜜糖球呈現棕色，主要原因是因為，這道甜點來自把新鮮牛奶慢火熬煮到水分乾掉，呈現凝乳狀為止，顏色當然也轉變成棕色，然後再把乳狀固體塑形成球狀，下鍋油炸，再浸在糖漿裡面。凝乳球體吸飽了糖漿，一口咬進嘴巴，所有的甜膩毫不保留的在口中排山倒海散開。想要挑戰你對甜點的功力，到印度可以來一顆蜜糖球。

牛奶粥甜品（Kheer）

這算是最能被台灣人接受的一道甜點，用米和牛奶再加煉乳熬煮而成的甜點，烹調的過程會加入肉桂粉和糖，豪華版的作法會加入番紅花香料。煮好的奶粥放涼，上面可以灑一些杏仁及葡萄乾，就是一碗受到印度人喜愛的米食甜點啦！

★電影裡的甜點

二〇一二年年有一部印度電影叫 English Vinglish，後來台灣上映時翻譯成《救救菜英文》，票房不錯，也因為這部電影，讓更多人認識一種印度的甜點：拉杜。片中的女主角莎希以製作這種小甜點賺外快，這也是家庭主婦的她在平凡單調的生活中，獲得成就感的來源之一。

在二〇一六年底獲得多項國際影展提名的《漫漫回家路》當中，年幼的弟弟想吃「印度糖耳朵」吃不到，在哥哥一句「以後開一間杰里必專賣店」之下，構成了兄弟之間情感化不開的聯繫。這個甜點也成為日後被領養、在國外成長的男主角薩魯（Saroo），對家鄉及家人思念潰堤的關鍵。可見一個甜點，足以承載遊子血液因子中的印度熱情。

救救菜英文

漫漫回家路

◆相關電影作品：《救救菜英文》**English Vinglish**／二〇一二年（印度）出品

《漫漫回家路》**Lion**／二〇一六年（澳洲、美國、英國）出品

5 孟買不會送錯的便當，是因英國人而起？

這項超過百年的便當運送系統，起源自當年英國殖民印度時，許多英國人吃不慣印度當地食物，便開始了把家裡做好的便當外送到辦公室的服務。直到二十世紀初期，這項外送便當的服務開始越來越有規模，並逐漸形成「專業外送」的達巴瓦拉（dabbawalla）盛況。

便當人「達巴瓦拉」

達巴瓦拉是孟買特有的人文風景，不僅英國人喜歡用這個服務，連印度本地人也愛。因為印度人不喜歡餐餐外食，加上省錢考量，所以家裡的女眷每天早上為男性成員準備便當交給達巴瓦拉送到工作的地方，成為孟買白領的一個普遍現象。如果家中沒有女眷可以準備便當，也能找家熟悉的餐廳店家為自己準備便當。

達巴其實是指對鋁或錫製成的圓形便當（飯盒）有動作的人，瓦拉則是接續前面動詞的詞尾。在孟買從事這樣工作的人教育程度大多不高，也有文盲，但他們卻能利用簡單的數字、字母縮寫標記還有顏色，清楚的標明收送便當的流程。例如：用綠色縮寫來標記收集好的便當的地點↓再用顏色代表便當出發的火車站↓然後用數字代表便當抵達的火車站↓最後再用紅色標示抵達後的外送員與送達的建築物地址。因此一份便當從起點的家裡，到終點的辦公室，會有好幾位人手接替幫忙，就像跑大隊接力一樣，而步行、拖板車、腳踏車、火車就是他們不可或缺的交通工具。一位達巴瓦拉一個月的薪水換算台幣大概三千五百元，雇主一個月僅需支付約二百元上下的費用。

就算沒有現代化的科技，也無法與全球龐大的物流科技相比擬，但是每天大概有二十萬個便當，從五千位達巴瓦拉的手中準確傳遞，使命必達。「準時」是他們最高的指導原則與目標，所以達巴瓦拉的每個步伐、路線都是精準計算過的，工作時間分秒必爭。哈佛大學就曾特地來實地考察達巴瓦拉的準確率，驗證其準確率高達99.99％，相當於六百萬個便當只有一個會出錯。即使現代許多外賣ＡＰＰ上線，但說到準時與經濟，還是達巴瓦拉ＣＰ值最高。

據說某一年，英國查爾斯王子到孟買訪問，想要見識一下達巴瓦拉的工作，沒想到他們完全沒有辦法停下腳步與王子相見歡。最後，聽說查爾斯王子還有邀請四位達巴瓦拉到英國去參加他的結婚典禮。看到這裡，是不是為達巴瓦拉的敬業精神給一百個讚！我想潛藏在孟買達巴瓦拉心中的，不是科技，而是一份人情味。當然，這樣令人驚嘆的達巴瓦拉獲得許多企業的讚賞與關注，印度的肯德基甚至與達巴瓦拉合作，讓他們擔任肯德基外送大軍，也形成孟買街頭的另一道風景。

★電影裡的達巴瓦拉

電影《美味情書》是一部適合細細品味的文藝電影，故事的背景就設定在99.99%不會出錯的達巴瓦拉，送錯一個便當開始。便當原來該送到丈夫的辦公室，但卻陰錯陽差地送到單身大叔的辦公室裡。吃慣餐廳便當的大叔，在吃到有home made溫暖的便當菜色之後，透過女主角寫給他「便當好像送錯了」的紙條，兩個人開始了一段以便當、信件和達巴瓦拉傳遞的心靈互動。

◆相關電影作品：《美味情書》The Lunchbox／二〇一三年（印度）出品

美味情書

6

印度吃素的人口很多

在印度，素食的人口超過六億！數據分布上北印度比南印度高，這個跟他們背後複雜且悠久的「種姓制度」有密不可分的關係。基本上，婆羅門階級的素食者的比例相當高。此外，在印度還有強調絕對不殺生的「耆那教」（Jainism），雖然這個信仰的人數在印度只有約莫兩千萬人，但這個宗教與佛教都是自西元前六世紀就開始發展。當中，耆那教徒五大戒律中的第一戒就是「不殺生」（耆那教五大戒律：不殺生、不盜竊、不妄語、不淫、不執著）。據說身穿白衣的耆那教徒步伐緩慢，目光朝地，為的就是盡量不在步行當下踩死任何一種生物，甚至是螞蟻。

在印度，如果看到店門口大大的寫上：Veg（vegetrain 的簡稱）就知道這是一家素食餐廳。如果你對印度教的神仙們稍有概念，記得住他們的名字的話，也可以判別出來，用神來取名字的餐廳，多半也是素食餐廳。

★電影裡的素食場景

印度天王阿米爾汗的作品逐漸受到許多台灣觀眾的青睞與支持，一部《我和我的冠軍女兒》就引起許多討論，而且大部分的討論主題放在印度的女性地位或是父權社會，不過，這裡要說的是大家可能沒有注意到的部分。電影中，兩位小女兒被迫開始練習摔角之後，原來吃素的家庭，被爸爸一聲令下之後，就開始要吃雞肉補充蛋白質，加強體能。

電影中的媽媽非常不能接受這個要求，難得的跟丈夫提出嚴厲抗議，而且不替他們烹煮雞肉，並拿出一個鍋子要他們自己解決吃肉問題。有趣的是，電影中，阿米爾汗跑去市集殺價的肉攤後來也跟著沾光，成為市場裡的明星商家。順道一提，在印度跟宰殺肉品有關的行業，通常低種姓的人比例較高。

當然，從《我和我的冠軍女兒》也可看出，電影中的男主角做出許多一般印度人無法做出的改變與妥協；為了成功拚盡一切可能，向成功邁進。

我和我的冠軍女兒

◆相關電影作品：《我和我的冠軍女兒》Dangal／二〇一六年（印度）出品

7

會飛的烤雞？印度坦都烤雞

坦都烤雞（Tandoori Chicken）是北印度地區的名菜，它有名的程度甚至連印度移民甚多的英國，都要將此道菜列為當地的特色美食，所以這道菜又有「會飛的烤雞」之稱，大概就是指它已然成為國際性的美食。

這道菜在北印度與巴基斯坦都很常見，很多人都說，要嘗試一間北印度料理的餐廳是否好吃，首先就要點上一盤坦都烤雞來試試。所謂 Tandoori 就是烤爐的意思，然後將包含印度咖哩粉、紅辣椒粉等各式香料融合在一起的馬薩拉綜合香料，搭配優格醃製至少一天以上，讓雞肉入味，再放進烤爐裡烤出顏色帶有繽紛紅色的烤雞料理。

坦都烤雞口味帶點微酸及微辣，一口咬下雞肉十分鮮嫩多汁，添加優格的醃製步驟為雞肉的 Juice 程度加了很多分數。喜歡再酸一點的饕客可以再擠上隨盤附上的新鮮檸檬，亦或是搭配印度料理都會有的薄荷醬或是辣醬一同享用。

在台灣，到印度餐廳吃飯並不是很平價的消費，這樣一盤約半隻雞份量的坦都烤雞大概就要價新台幣三、四百元，所以如果能夠到印度或新馬的小印度區大啖坦都烤雞，絕對是喜歡印度美食的饕客心中的夢想之一！

★電影裡的印度餐館

移民英國及其他國家的印度裔人士，不少會以經營印度餐館作為謀生的管道，氣味濃烈、口味濃郁的印度咖哩及菜色，的確相當吸引其他國家人們的味覺。好吃的印度餐廳在許多國家都是熱門的用餐地點。在《美味不設限》這部電影中，印度移民的一家人來到以美食著稱的法國開設印度餐廳，印度爸爸與對面法國餐廳老闆娘互看不順眼，但印度兒子卻在兩大美食的耳濡目染下，開啟了對料裡的天分，並且成為米其林界的一顆新星。

◆相關電影作品：《美味不設限》**The Hundred-Foot Journey**／二〇一四年（美國）出品

8

北印度的美食日常

北印度因為受到蒙兀兒帝國及波斯文化的影響很深，所以葷食人口不少。一般來說北印度的主食除了米飯之外，將發酵過後的麵糰烤出來的烤餅當作主食的普遍性，比南印度來得廣。北印度喜歡用優格（酸奶）和奶油來烹製咖哩，所以北印咖哩口味香醇濃郁，跟南印度是截然不同的風味。

印度米飯好滋味：比亞尼飯

在印度旅行時，除了咖哩及各種煎餅、烤餅以外，還有一項米飯美食不可錯過，就是比亞尼飯（Biryani）。這道米飯料理是用薑黃、番紅花去調理羊肉、雞肉或魚肉而成的料理。從南印度到北印度的餐廳菜單，常常可以看見這個選項。

好吃的比亞尼飯，粒粒分明的印度米粒相當Q彈。

不過，這道料理最出名的地點是在南印度安德拉邦的首府：海德拉巴（Hyderabad）。

來到海德拉巴，人們都會到地標建築「查爾米納清真寺」旁的市集逛街，並找尋道地美食，在這附近會有許多人推薦「羊肉比亞尼飯」。到了市區，還有另外一間自一九五三年便開業的 Paradise 餐廳，店內的比亞尼飯是海德拉巴人心中的經典，每到用餐時間座無虛席。

這道簡單的米飯料理，可以吃到印度人如何使用香料的精髓，豐富的口感層次卻搶不走米飯的原味與Q度。也因為加入了優格，使得飯裡的肉類口感軟嫩，肉汁與優格加上香料，讓米飯吸飽了湯汁，更增加食物的飽足感與味覺的滿足感。點一大盤比亞尼飯，常常會吃到忘我，還很順口的一口接一口，這就是比亞尼飯的吸引人之處。我覺得，印度的米飯美食一點都不輸中華米飯料理！

印度脆餅

印度脆餅（Papad）是在每間印度餐廳都會有的一種點心，不管是平凡的路邊小店，或是五星級的高級印度料理，都可以看見這個提味的點心小功臣。將整片脆餅放在加滿咖哩醬汁的白飯上，或是一口飯一口脆餅；又或是將脆餅掰碎，再放在飯上，一口咬進雙重口感，都是很道地的吃法。

有的時候，講究一點的印度餐廳，會在脆餅上放上印度式的生菜沙拉，洋蔥、蕃茄等清爽的蔬菜添加口感，再搭上三種不同的印度沾醬，又成了一道精緻的印度點心。通常，這印度脆餅都是免費提供，即便平凡到幾乎讓人忽略到它的存在，但這的確是品嘗印度料理時，不能錯過的鹹脆香口感。

如果喜歡這樣的小點心，其實可以去印度商店或是超市買半成品回家自己做。半成品像是乾燥過的平面餅狀，可以用油炸的方法，一下子就可以炸出一大盤膨鬆又酥脆的脆餅。如果不喜歡太油膩，也可以直接放在瓦斯爐上，隔著一點距離用火烘烤，乾燥的餅很快就會變成可愛的膨鬆狀。如果覺得上面兩種方法都不敢嘗試，最簡單的是放進烤箱裡烤，雖然蓬脹的感覺不如用炸的，但口感還是很不錯！

認識北印食物

下表這些北印常出現的食物，你認識或吃過的有哪幾個？

食物名稱	食物內容
烤餅、囊 Naan	烤餅可以說是北印度的最受歡迎的主食之一了，除了原味烤餅之外，刷上一層奶油飄散烤餅香氣最是一絕！一口奶油烤餅、一口奶油咖哩雞，是品嘗北印度美食最經典的味道。
薩摩沙 Samosa	又稱「印度菜餃」的炸咖哩蔬菜餃，是初次接觸印度食物的台灣人都會印象深刻且喜歡吃的食物。做成三角形的餃子，裡面包滿蔬菜和鷹嘴豆泥，有時候會有包肉餡（但素食的比較常見），是印度街邊最容易看到的小吃攤之一。熱呼呼的炸餃子，兩三口吃掉非常有滿足感。
達爾 Dal	這是一種用豆類搭配不同香料熬煮而成的豆糊，可以當作湯品，也可以拿來沾著烤餅及米飯來吃，貌不驚人但卻非常好喝。這道料理在南北印度都很普遍，有的時候在印度以外的印度餐廳，這些是給家鄉人品嘗的私房菜，並不會寫在菜單上，所以可以直接問：「有沒有 Dal 可以吃？」基本上，這是含有豐富植物性蛋白質的料理。
拉伊塔 Raita	這是可以當作一道配菜的鹹優格，冰涼的擺在餐桌一旁，可以中和印度咖哩濃郁的味道，有的時候 Raita 會有點微辣！一般人很難把鹹辣及冰涼聯想在一起，但這就是奇妙的印度滋味。
喀巴 Kebab	不僅在印度，而是整個伊斯蘭世界都可以看到 Kebab，它可以說是一種源自於阿拉伯世界的烤肉料理。在土耳其常見的 kebab 變化款就是沙威瑪。隨著蒙兀兒政權進入到印度，這種中東料理也就跟著在印度發揚光大了，有原汁原味肉塊的烤肉，也有做成碎肉的烤肉腸。

塔利套餐

一個大盤子裝有很多個小碗的套餐，就是標準北印度塔利套餐（Thali）的配備。這些小碗當中，大部分都是裝著該餐廳的每日例菜，並且會搭配常見的椰子甜醬及咖哩黃醬。在盤子上會裝盛米飯或 Chapati 薄餅等主食，再搭配一兩樣甜點、水果及印度脆餅這樣的前菜。一整盤和我們在台灣餐廳看到的商業午餐概念差不多，只是我們的是一道道上，但塔利套餐都幫你裝在一起了。

有的餐廳則是把塔利套餐的容器依照小碗的數量來收費；看你拿取的食器、容量並坐在位子上時，會有服務生拿著各種食物走到你旁邊，你可隨意拿取想吃的食物，直到吃飽為止。

塔利套餐的發明，跟印度傳統的阿育吠陀療法有關。根據醫學理論，人的味覺

塔利套餐的擺盤、小碗相當精緻可愛。

一共有六種：苦、澀、辣、酸、鹹、甜。如果吃一頓飯可以把這六種味覺都兼顧到，就可以達到飲食均衡。看到這裡有沒有覺得這印度文明古國，連飲食都蘊含博大精深的理論，真是令人讚嘆！

★電影裡的北印美食

在北印度用餐，最常見的食器就是鐵製的盤子，在電影《板球尤物》當中，女扮男裝混進男子板球隊受訓的女主角，因為表現不佳，在食堂拿了一大盤食物之後，竟整盤被嚴格的小鮮肉教練收走，禁止她無限量的吃高熱量食物。這部電影就是以印度西北部旁遮普地區為背景的電影，由此可以看出北印度飲食的小細節。

◆相關電影作品：《板球尤物》**Dil Bole Hadippa**／二〇〇九年（印度）出品

9

南印度的美食日常

在南印度素食人口的比例也相當高，南印度高種姓的人幾乎都是素食者，而且南印度的飲食不像北印度有那麼多味道濃郁的各式咖哩，所以南印度的食物比北印度清淡一些。一般來說，用椰子及各種蔬菜、酸味的果子當作調味的比例較高，至於肉類則比較常吃到雞肉和海鮮。

一式三醬的南印吃法

當這些南印食物端上桌時，有三種沾醬是不可少的：用椰子做成的甜醬（Coconut Chutney），或是典型印度菜會有的咖哩黃醬（sambar），以及辣醬。在南印度的餐館裡常常可以看到提著這三種醬料桶子的服務生走來走去，隨時替客人增添沾醬，好讓每口食物都可以吸飽醬汁，使味蕾充滿豐富的好滋味。看到這些沾醬，不免令人聯想到在台灣吃牛肉麵時，有人會喜歡添加蔥花、酸菜和辣椒，有種異曲同工之妙。

餐包、蔬菜醬汁

是孟買的街頭小吃，又稱 Pav Bhaji，印度有大量的素食人口，Pav Bhaji 就是很適合素食者的街頭速食。起源於十九世紀中期，當英國工業革命以後帶來的效應正如火如荼的影響全世界時，當時的殖民地印度孟買，有大量的紡織工人生產著印度棉製品。當工人下班後，極需營養的食物來填飽肚子，於是這道混合印度香料且類似咖哩醬，再搭配西式餐包的吃法，在街頭應運而生。

這道發源自孟買的 Pav Bhaji 便是以馬鈴薯混合蕃茄泥、洋蔥、青辣椒等各種蔬菜，加入檸檬、薑黃、紅椒粉、綜合香料等，一起在大鐵板上翻炒、混合的蔬菜醬汁。翻炒的時間約40分鐘上下，可加優格或水，讓食物保持濕潤的泥狀，最後移至大鐵板的邊緣待用，一方面也可以保持溫度。等到有人點餐時，便依照客人需求，先在大鐵板上抹上奶油，再把餐包放到奶油上去煎，讓麵包吸飽奶油的香滑之後，再加入鍋邊的蔬菜醬汁及其他配料，就是一份熱呼呼的 Pav Bhaji。這道小吃非常有飽足感，肚子很餓時很適合大快朵頤一番。

左邊是像鹹版甜甜圈的瓦達（Vada），
右邊是像發糕的伊德利（Idly）。

認識南印食物

這些南印常出現的食物，你們認識幾個？

食物名稱	食 物 內 容
都薩 Dosa	都薩是用黑扁豆、大米麵糊混合麵粉做成的麵糊，用類似做可麗餅的方法煎成薄而略帶脆的餅皮。即，舀一勺麵糊，放在平鍋上煎成薄餅，口感類似可麗餅。
伊德利 Idly	這是將米略為發酵後，蒸熟的米糕，口感類似發糕，但是有淡淡的發酵酸味。口味清淡健康，配上椰子甜醬及咖哩黃醬非常好吃又有飽足感。
瓦達 Vada	這是用扁豆製成的油炸圈餅，外型類似甜甜圈，但口感是鹹的。
普利 Puri	用油炸做成的餅，高溫讓麵糰中間呈現中空狀。外表膨脹像一顆球一樣，外皮酥脆，有點嚼勁也有油炸的香味，很好吃。
恰帕提 Chapati	這是用全麥沒有發酵過的麵糰，乾煎而成的餅，只有穀物的香味，味道比較平淡。
帕拉薩 Paratha	從北印度旁遮普傳至南印度的一種主食，與 Chapati 一樣是用未發酵的全麥麵糰，用煎或炸的方式料理。通常裡面會再包些馬鈴薯、薄荷葉或花椰菜之類的內餡，吃起來和蔥油餅有點接近。
烏帕瑪 Upma	以粗麥粒和蔬菜拌炒後，加入水和調味料，悶軟之後就可以食用了，算是一道相當健康，又常見於南印度的早餐選擇。
帕可拉 Pakora	這是一種炸蔬菜的小點心，把沾滿了麵漿的蔬菜，例如：洋蔥、菠菜等，炸成圓球狀的麵團。
阿棒 Appam	這是來自喀拉拉邦的米食，上桌時會飄散出發酵的米香和椰香，口感香脆，薄薄的一大片用手撕下，沾著咖哩黃醬或椰子甜醬食用。

其中，Pav本身就是四分之一的意思，指的就是一份有四小切塊的餐包。通常一份Pav Bhaji會有兩個四分之一的餐包份量，費用大概是新台幣20元左右的價格，是非常平價的小吃。

南印版鹹酥雞：Chicken 65

在南印度，使用的語言以淡米爾語和泰盧固語居多，所以大部分的菜單沒有英文，最簡單、一定點得到又絕對好吃的，就是這道Chicken 65，這是一道是可以跟台灣鹹酥雞媲美的印度美食。

至於為什麼會出現這個簡單、好記的名稱，大概有三種說法：第一種是一九六五年首度出現這道菜；第二種是一九六五年有一位軍人發明了道菜；第三種說法是軍營餐廳當中菜色眾多，為了方便點餐，便把每道菜放上編號，所以這道好吃的印度鹹酥雞就是編號第65號了。

南印度極推、必點的Chicken 65，口味與色澤隨著掌廚的人會略有不同。

要說哪個是正確答案，其實印度人也眾說紛紜。

如果在印度一吃難忘的話，可在印度的雜貨店買現成的 Chicken 65 專用香料，帶回家料理起來就方便多了，這是來到南印絕對推薦的一道食物！

芭蕉葉的用餐禮儀

在南印度用餐，最特別的是以新鮮芭蕉葉做為天然的盤子，裝上你喜歡吃的食物和醬料。席間服務生會來回巡邏問你還要不要再多加一點椰子醬，或是咖哩黃醬，以及辣醬。至於為什麼要用芭蕉葉當作餐盤？有人說，是因為高種姓的人忌諱用到低種姓的人使用過的餐具，所以新鮮、用完即丟的芭蕉葉當作容器是最好的了。

不過要記住，在用餐完畢離開座位前，要記得將芭蕉葉往自己的方向對折，這舉動意味著對這家餐廳的服務及食物品質感到滿意，是一種用餐禮儀表現。至於往外折，代表下次再也不會來這家餐廳，或著是喪禮才會有的舉動；因為要把厄運全都往外趕出去。下次吃飯遇到用芭蕉葉盛裝的印度料理時，千萬記得這個用餐禮儀。

★電影裡的芭蕉葉飲食場景

有一種說法解釋了「為什麼南印度使用芭蕉葉當作食器的比例這麼高？」原因是，可以確保高種姓的人不會拿到低種姓的人使用過的器具，因為新鮮芭蕉葉都是用過即丟的。

電影《帝國戰神：巴霍巴利王》當中，親民的小王子因為跟低種姓的侍衛長感情很好，用餐時間跑來士兵的用餐區想要和他們一起吃飯，但每位士兵包括侍衛長都覺得有點難為情，卻又為小王子的熱情及善良而感動。畫面上最後呈現的是侍衛長從芭蕉葉上取了食物親自餵食小王子，藉此呼應日後全國百姓不分男女老少，都成為這位王子死忠鐵粉的前奏。

帝國戰神：巴霍巴利王

◆相關電影作品：《帝國戰神：巴霍巴利王》**Bahubali：The Beginning**／二〇一五年（印度）出品

10

在印度總會碰到這兩件事：用手抓飯與拉肚子

為什麼要用手吃飯？

用手抓飯是許多人對印度人用餐的第一印象。其實不只印度人，穆斯林及部分東南亞的原住民也都有用手抓飯的用餐習慣，共通點就是一定「只用右手」接觸食物。

有人說，直接用手接觸食物是對食物的敬意，畢竟盤中飧粒粒皆辛苦，每天能夠飽餐是平凡生活中不可忘記的感謝。也有人說，只要手能夠接受的溫度，就不會燙口，並且能夠以最佳溫度去品嘗食物美味。

在印度餐廳遇上芭蕉葉和用手抓飯的習慣時，不用太驚訝。

今日，在印度的大城市中也越來越多商務人士及上流社會人士不用手抓飯，轉而使用湯匙跟刀叉的比例越來越高，但保持用手抓飯的人數還是相當多。所以，當外國人到印度還不能融入用手抓飯的訣竅時也不用心急，因為印度人當中也一定有你的同伴。不過老實說，要練習用手抓飯來吃其實有點難度，以北印度來說他們習慣用拇指、食指與中指將盤中的飯捏起、塑形，送入口中；而南印度的人則是會五指並用。

也因為印度、南亞、伊斯蘭國家的飲食習慣，所以他們的餐桌上都會出現茶壺與小臉盆這樣的東西。有的時候是店家直接會用一個小臉盆裡面裝水及檸檬片，這就是要讓客人洗手用的。在這些地方拿起茶壺先請別人洗手是禮貌的表現，就像我們華人在圓桌吃飯的時候，會替同桌的朋友倒茶是一樣的道理。所以下次在這些地方用餐看到茶壺或小臉盆，千萬別急著喝，因為是要洗手用的啦！

到印度一定會拉肚子嗎？

只能說機率是算高的，但也有例外。如果是跟團到印度觀光，每天吃大飯店還有高級餐廳的 Buffet，也只喝礦泉水及罐裝飲料的話，那麼機率會降低非常多。不然就是你必須要堅持每天只喝礦泉水，不隨便吃喝路邊的飲食。個人也曾聽過有人每天只吃香蕉和蕃茄，不吃任何印度咖哩，最後回台灣的時候沾沾自喜的說自己都沒有拉肚子。雖然不拉肚子是萬幸，但相信此趟印度行卻也缺少體驗印度風景中，很燦爛的飲食面貌。當然，每個人對旅行的定義與訴求不同，端看你如何取決。

先撇開衛生這件事不談，從一個完全不同的台灣飲食系統來到印度，腸胃要適應印度大量的香料及奶油、乳酪等料理，的確是需要一點時間，拉點肚子也是可以理解，即便印度街邊很多的飲食也是現煮、現炸、現煎的熱呼呼料理。也就是說，我們在台灣並不會每天都吃大量香料，也沒有喝那麼多優酪乳或氣泡水的習慣，所以即使是吃健康食材，拉肚子也可看作是排毒。

到印度觀光，輕微的拉肚子可以用自己帶來的腸胃藥品來解決，循序漸進的從每天一餐到一日三餐享用印度在地料理，是可以緩解拉肚子的症狀及給腸胃適應的時間。但如果拉肚子的情況真的兩三天都毫無改善，反而越演越烈，那麼一定要在當地看醫生，畢竟印度的病菌印度醫生最了解。總之，身體是自己的，出發前與自己身體對話、溝通，旅程中循序漸進的適應當地飲食文化，苗頭不對的話立刻反應就醫。其實到印度拉肚子，真的不用反應過度。

Chapter

4

印度生活樣貌

紗麗X貧民窟X廁所X交通

飄逸的紗麗、眉間亮麗的繽蒂裝飾，相信是你對印度衣裳的基本印象。當然，你也可能在某些電影中看過他們最真實的樣子，就是充斥著大量洗衣工的貧民窟場景。印度的生活無論你怎麼描繪，似乎都脫離不了極富極貧，而這一切依舊和文化信仰有關。

1 紗麗，其實是一條很長的布

博大精深的印度古文明，宗教算是串聯印度人文明發展的核心，再透過極富代表性的印度服飾，你可以對印度宗教影響其日常生活發展的這個脈絡，有更多的了解。

紗麗

對一般人而言，紗麗（saree）是與印度劃上等號的代表性服裝，事實上紗麗的確是最具有印度特色的女裝。在印度，印度媽媽們穿紗麗的功力極為純熟，隨身攜帶的別針，可以輕鬆的把肩上的打摺與短上衣（Choli）固定得相當牢實，活動一整天都不會變形。印度幅員遼闊、國土寬廣，加上民族眾多，各地的風俗、信仰和習慣也不盡相同，所以印度紗麗的式樣也千變萬化。例如漁家女性喜歡將紗麗的衣片摺疊在兩腿之間，塞在腰後，便於水上生活。農村婦女則因農活較為粗重，則愛穿短紗麗。在地理位置上紗麗的穿法也各有特色，例如孟加拉地區的婦女常常是用紗麗的摺邊遮掩頭部，因為當地禮儀限制她們不得在男性面前拋頭露面。南印度喀拉拉邦的婦女所穿紗麗，則是一頭張開成扇形模樣。無論是那一種型式，對於紗麗的多樣化，足以讓人一想起它，就覺得是印度專屬的神祕與標記。

紗麗的由來可追溯到三千多年前，在印度歷史阿利安人的吠陀文明中，最經典的《摩訶婆羅多》史詩便有描述當時的婦女身穿紗麗的情景。後來，亞歷山大大帝東征來到印度北邊的時期，曾一度想改變印度婦女身穿紗麗的習慣，但沒有成功！因為印度人還是喜歡這種不需要一針一線或是任何一種環扣，就可以穿在身上，展現婀娜多姿體態的傳統服飾。所以說，紗麗是卷衣型民族服飾的代表一點都不為過。此外很多人不知道，紗麗的原型其實是來自印度男性服飾的兜迪（dhoti）。

認識各種印度服飾，兜迪

印度的服飾特色十分鮮明，除了眾所周知的紗麗之外，男性所穿著的傳統服飾兜迪也是代表之一。印度的傳統服飾是屬於卷衣型的代表，嚴格說來，不論是紗麗還是兜迪，都不能算是衣服，因為它們都是用一條很長的布，技巧性的在身上纏繞成型。

兜迪在印度是非常傳統的一種男性服飾，它是用一匹大約五碼長的布，纏繞在臀部與大腿之間，最後在腰上固定的一種服飾。兜迪大部分都以白色為主，這個傳統服飾從北印度到南印度都可以看到。

在印度的各地對兜迪也有不同的稱呼及穿法。例如在北印度，男性會在上衣加上庫塔（kurta），下面穿上兜迪，整套合起來就稱為 dhoti kutra，或是 dhoti panjab。在南印度，男性習慣穿兜迪之外，另外搭上 angavastran 的長巾，並將其披掛在肩上。在淡米爾那都地區，也會習慣穿西式襯衫來搭配兜迪。

班加比套裝／旁遮普套裝

旁遮普地區具有悠久的歷史與文化，雖然主要的宗教信仰為錫克教及印度教，但自八世紀起，因為受到伊斯蘭文化的深遠影響，所以目前的旁遮普地區分屬東西兩部分，東屬旁遮普地區為印屬；西屬旁遮普地區則隸屬於巴基斯坦。也因為地理環境及歷史文化因素的關係，流行於旁遮普地區的女性三件式套裝就被統稱為 Punjabi Suit，中文音譯常寫成「班加比」。不過，為了正統以及讓大家更正確的了解這種極富民族風情的服飾，還是用「旁遮普套裝」來稱呼。

「旁遮普套裝」當地人慣稱為 Shalwar Kameez，是由一件長版的上衣卡米茲（kameez）外加長褲夏瓦兒（salwar，指的是寬鬆的燈籠褲款）及一條長巾（杜帕塔（dupatta）所構成的三件式套裝。有時候，寬鬆長褲會換成緊身的長褲款珠莉達（churidar），為旁遮普三件式套裝帶來另一種不同的風情。另外，因為緊身長褲的皺摺會包覆小腿線條的設計，所以在台灣，有人暱稱這款長褲為「蛇褲」。

在印度、巴基斯坦及南亞等國家，旁遮普套裝都是常見、一種極富當地民族風情的服飾，長罩衫的寬鬆及布料選用透氣輕薄的設計，適合夏季高溫的氣候。至於蛇褲的設計，則是為了愛美的印度女性在寬鬆的旁遮普套裝中，找尋另一種可以適度顯露身材曲線的褲子款式。在印度的時尚雜誌及寶萊塢女星出席各種活動的造型中，都可以看到這些象徵時尚的名女人，選擇這樣兼具傳統及流行的服裝出席。也因為蛇褲本身就有拉長腿部曲線的視覺效果，如果再配搭一雙高跟涼鞋就更能襯托出旁遮普風情的獨特性。

藍嘎套裝

藍嘎套裝是印度古吉拉特（Gujarat）及拉賈斯坦（Rajastan）具有代表性的印度服飾。「藍嘎」是指長及腳踝，並有著鮮豔色彩及繡工飾邊的長裙，配上一件露肚臍的合身短袖上衣（Choli）和一條遮蓋在頭上的奧德尼（Odhani），組成一套三件式，極富印度華麗特色的服飾。通常這樣的服飾，在印度的其他省分，都是在重要場合或是有表演的時候才會穿。不過，在古吉拉特和拉賈斯坦這這兩個地方的婦女，則會當作日常生活服飾來穿。

華麗又繁複的繡工，搭配妝點數不清的手工綴飾，讓整件裙子除了美得絢麗奪目之外，還非常有重量。尤其在跳起舞來，旋轉時的裙擺弧度非常有看頭。在蒙兀兒王朝時代，這樣的服飾深受宮廷及貴族的喜愛，加上許多印度的文化都受到蒙兀兒王朝的影響，延續至今，不論是生活還是電影文化的呈現，都可輕易看見。而且這襲藍嘎套裝，在電影裡及印度時尚圈中，也成為不可或缺的一種服裝款式。

一般來說，在北印度看到的藍嘎套裝，多是以短上衣為主；南印度會以遮肚子的短版庫塔為多。同樣的藍嘎套裝，在南北印度呈現不一樣的風情，也再次證明了印度南北大不同。

★電影裡的男性傳統服飾

印度當紅男星沙魯克汗曾在所主演的電影《故土》中，飾演一位在美國太空總署工作的高科技人士，在一次返鄉的旅途中，他找到了深埋在心底、潛藏對故鄉的濃濃情懷。其中一場戲就是當他換下西裝裝束時，讓女主角為他穿上兜迪的那個場景：藉由五碼長的白布，隨著女主角一指一柔的纏繞在男主角身上的動作，展現兩人之間若有似無的情意，戀情當然也隨著兜迪的成型而開始發酵。這是很有意境的一場戲，導演藉由兜迪表現出了故鄉的傳統之於西方的前衛，也利用兜迪來讓男主角詮釋心境上的轉變，以及對故鄉傳統的認同。

目前在台灣的印度人，雖然人數漸漸增多，但為了符合台灣的生活步調，鮮少看見身著兜迪上街的印度男性。如果想要見識兜迪的穿法，不妨去找《故土》這部電影，你也會被電影中濃郁的情感所吸引，認同印度服飾真是像他們的民族性一樣，都很會表達感情。

◆相關電影作品：《故土》**Swades**／二○○四年（印度）出品

PLUS

「阿娜卡莉」服裝與卡達克舞蹈

阿娜卡莉（Anarkali）是蒙兀兒王朝時期，阿克巴大帝的妃子，原為一名宮廷舞孃，因為喜歡穿著高腰娃娃裝的洋裝式上衣，搭配上緊身的珠莉達長褲，讓這套服裝在當時蔚為流行。北印度卡達克舞（Kathank）則源起自中亞，此舞蹈隨著成吉思汗的帝國擴張傳到印度，深受印度蒙兀兒王朝的喜愛。洋裝式的上衣搭配旋轉的舞步，最為經典。

也因為「阿娜卡莉」宮廷傳說的加持，讓這款服飾成為當時的一種流行，進而影響到印度、巴基斯坦一帶。雖然大家對印度服裝的認識大多仍停留在紗麗，以及旁遮普套裝這樣的款式，但隨著印度服飾在國際時尚界中逐漸大放異彩，印度本土的服裝設計師也更加在自己的服裝市場中精益求精，並企圖找尋更多印度服飾中原有的傳統，結合時尚元素，設計出一襲又一襲令人驚豔的「印度風」。

★電影裡的阿娜卡莉

在印度影視中以蒙兀兒帝國為背景的作品相當多，而且絕大部分都是強檔大戲，從演員到背景、服裝的考究都不是一般水準。不論現在有多少翻拍的作品，一九六〇年出品的《蒙兀兒王朝》絕對是寶萊塢影壇中致敬的經典，穩坐票房冠軍長達十五年才被打破。故事中的阿娜卡莉與薩林王子的愛情故事，還有阿娜卡莉的歌舞到現在都還令人津津樂道。飾演阿克巴大帝的演員普利特維拉・卡普爾（Prithviraj Kapoor），更是寶萊塢第一演藝世家的開創者。

另一齣近年賣座的《寶萊塢之亂世紅顏》，女主角之一的迪皮卡・帕度柯妮（Deepika Padukone）飾演拉吉普特的穆斯林，除了電影當中的華麗歌舞只見她身穿華麗的阿娜卡莉，時而撫媚時而巾幗不讓鬚眉的神采，讓馬拉塔帝國第一戰神也拜倒在她石榴裙下，產生了一段撼動帝國的悲劇愛情故事。

◆相關電影作品：《蒙兀兒王朝》**Mughal-E-Azam**／一九六〇年（印度）出品
《寶萊塢之亂世紅顏》**Bajirao Mastani**／二〇一五年（印度）出品

能夠大幅旋轉裙擺的阿娜卡莉，是蒙兀兒帝國時期開始流行的服裝。

2 印度裁縫業很發達

如果你是印度粉絲，又在印度買過印度風的衣服，一定會被那令人驚豔的鮮明風格，以及強烈卻又不突兀的配色所吸引。而且你一定也會發現，印度的衣服十之八九都會有點小「掉漆」，不是珠珠掉了幾顆，就是某些地方有著不知哪來的小髒污，再不然就是衣服的車邊線、車縫線掉落。總之若買了印度的衣服，得失心不要太重，否則會有點小失望，不如換個心態看待吧！

該拿那兩片小袖子怎麼辦？

買過印度風衣服的你或許有這樣的困擾，就是

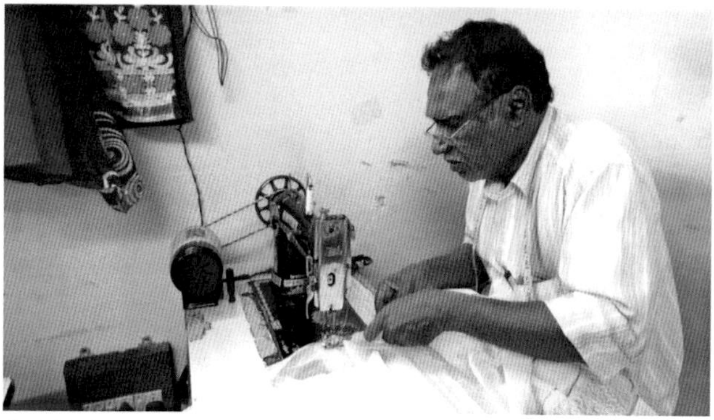

印度裁縫店很普遍，裁縫師大多都是男師傅。

許多印度製的印度風衣服，都會在衣服上附上小袖子。其實，個人覺得這算是買印度風衣服的驚喜之一，因為好像沒有買過任何一個地方的成衣，會在衣服上車上兩片小袖子的布料，讓買主自由決定要穿無袖還是有袖。

這小袖子，都是跟著衣服的車邊一起車上去的，所以不管你要不要加上袖子，都要把袖子先拆下來再說。記得有一回，我小心翼翼的沿著車邊剪下袖子以為大功告成了，但卻發現仍需要大量運用ＤＩＹ的針線活功力竟緊跟在後頭！原來小袖子是與衣服車邊連在一起，所以從衣服上拆掉後，等於整件衣服的邊也跟著掉了。沒有縫紉機的我，只能一針一線自己把衣服的「邊」縫回去。真的是越接近印度才發現的無限驚喜……（印度是能夠真切訓練人們「活在當下」的一個必備關鍵字）。

裁縫師傅都是男性

對於生活在印度的人來說，根本不需要為了要不要自己拆解袖子而擔心，因為街頭巷尾一定都有裁縫店，裁縫師可簡單、迅速、樸實的完成每位客人的要求。當你在印度買了一件紗麗的同時，記得一定要立刻向裁縫店報到，因為傳統紗麗是一條很長的布，會特別多出大概一公尺的長度，讓你剪下來依照身材去訂做搭配這件紗麗的短上衣。還有一種可能是，買好紗麗的同時就已經附上剪裁好的小上衣所需的布料（包括袖子的布料）。此時再一併拿去裁縫店量身訂做，一套美麗的紗麗就完成了。

順道一提印度人的審美觀。對於紗麗，他們覺得的袖口要少一點則太緊，多一分則太鬆的那種程度才是最好看的，鬆垮垮的袖口是完全ＮＧ，不夠體面的。印度人身材忽胖忽瘦的困擾跟我們一樣，所以裁縫師在縫製衣服的時候，都會留很大的空間來讓你有機會放大及改小。在裁縫店裡，常常可以看到媽媽姊姊們，為了即將出席的場合來放大、縮小衣服，裁縫師對這些事情則是熟能生巧到一個不行，有時現場稍候一下就可以把衣服改好。此舉與在台灣費時的改衣服經驗完全不同！最重要的是，在印度改衣服是很平價、便宜的事情，這也是為什麼印度裁縫業這麼受街坊歡迎，歷久不衰了的原因了。

還有，印度的裁縫師絕大多數都是男師傅，技術老練純熟，跟他們溝通完全不用害羞，就算比手畫腳，聰明的印度裁縫師也能夠秒懂你的需求。

★電影裡的裁縫服飾店

《月光集市到中國》是二〇〇九年的中港印聯合出品的電影，男主角原來是印度德里月光市集（Chandni Chowk）裡的小廚師，後來因為被中國某個村落的村民認定他是該村信仰的化身，於是小廚師就從月光集市來到中國北京、上海展開一場人生的大冒險。

電影裡提到的月光集市建於一六五〇年，也就是在蒙兀兒王朝沙賈汗王時代所設立的市集。據說，過去這裡有一條溝渠貫穿市集，夜晚每當月光照映至溝渠中時，會投射出店家雲集的樣貌而得名。而且這個集市也是通往賈瑪清真寺與德里紅堡的會經過的地方，每種不同行業的店家分成一個區塊一個區塊，有販售電子用品、香料、服飾、小吃、鮮花、包包和配件等攤位，當然也就可以看到裁縫店。

此外，來到這裡可以去嚐嚐德里最出名的Karim's餐廳，這是一家創於一九一三年蒙兀兒口味的餐廳，還曾獲得英國BBC和美國《國家地理雜誌》的推薦，是曾榮登過《TIME雜誌》的亞洲最佳餐廳之一。Karim's在德里有好幾家分店，但最道地的還是位在月光集市，靠近賈瑪清真寺的巷子裡。

◆**相關電影作品：**《月光集市到中國》**Chandni Chowk to China**／二〇〇九年（中國、香港、印度）出品

3 五花八門的印度飾品

在印度飾品當中，最常見到女性使用的就是繽蒂（Bindi）和蒂卡（Tikka）了。這兩樣東西可以說是印度飾品的入門，只是好像許多人還不太了解這兩樣東西的差別，它其實和印度宗教的發展還頗有關連。說「印度是一個宗教的文化」一點也不為過，在印度本土起源及發展的宗教，從最早的婆羅門教，一直到耆那教與佛教，這幾個宗教最後融合而形成的印度教，在印度發揚光大，印度教也成為目前在印度最多人信仰的一種宗教。

繽蒂VS.蒂卡

印度教的三大主神之一的濕婆，頭長三隻眼，頸繞眼鏡蛇，四隻手分拿三叉戟、手鼓、水罐和念珠，坐騎一頭白牛，頭頂一彎新月。其眉心之處又稱第三隻眼，代表智慧，所以又稱智慧之眼。因此在額頭貼上「繽蒂」是一種智慧之眼的象徵，同時也有祈福的意思。

以智慧之眼的部分來說，就有男、女之別的稱呼：男子的智慧之眼稱為蒂卡（通常是長條式），女子的智慧之眼稱為繽蒂（以點狀式為主）。當你一查查字典便會發現，**Bindi** 一詞有特別註明是屬於「女性」的說明。

以常見於女子眉心之間的繽蒂來說，在婚禮上使用時有祝福之意，它是用硃砂點上的，可以保護這個女人和她的丈夫。點硃砂傳統上是印度教已婚女姓的裝扮，所以，如果是寡婦就不能點。不過，繽蒂後來成為一種通俗的裝飾品，不論是已婚或未婚，人們都會用上這個來增加風情，而且顏色也不一定拘泥於紅色。現在大家見到的繽蒂都是有改良，或是經造型設計過的，有水滴形、圓點形、長形等等五花八門。所以說，若是長條狀的繽蒂，很多會直接用 **Tikka Bindi** 一詞來表示，大概也是因為這樣的關係，所以現在很多人會把繽蒂和蒂卡搞混了。目前市面上可以見到的繽蒂大都已改用貼紙的形式，還可以重覆使用。喜歡印度風造型者，不妨可以把這個當成入門飾品來使用。

布蘭達髮辮

印度女人的身影，除了飄逸鮮豔的傳統服飾很吸引人們的目光之外，長長的髮辮，有時盤上一圈鮮花，也是令人十分著迷的裝扮之一。從各種印度神話的圖像中就可以看出，髮辮在印度服飾當中也是一個頗為重要的元素。印度人喜歡髮辮造型或許跟他們信仰印度教有關係，因為《摩訶婆羅多》與《羅摩耶那》這兩大史詩，對於神的形象描述，多有髮辮的模樣。

濕婆可以說是印度仙界中的第一型男，他的一切形象是最容易引起效仿與風潮。除了第三隻眼的繽蒂之外，同樣身為舞蹈之神的他，一頭長髮辮也成為形象標記。對於祂的形象描述則多為：「……許多時候結髮辮盤於頭，頭頂一彎新月，有恆河之水自頭頂流下。……」也就是說，從印度神話而衍生出的各種藝術及美學觀念，在幾千年以前就開始深深的在印度人心中紮了根。

布蘭達髮辮（Paranda）是一種印度常見的髮飾，印度的女性喜歡綁著長辮子，而布蘭達就是用黑色或是彩色的毛線，外加一些鈴鐺或是鏡片、羽毛等裝飾品，來讓這個髮飾看起來非常多樣並富有存在感。布蘭達髮辮的長度一般來說都比使用者本身的頭髮來得長，這樣在使用上會比較方便，而且有加強髮辮美感的效果。許多印度的舞者及表演者，也都會在表演之前綁上布蘭達，讓舞蹈的節奏不僅止在肢體上的呈現，也可以隨著曼妙的舞步，讓髮辮的揚起與旋轉，為印度舞多增添一股感染力與魅力。

美麗的布蘭達髮辮。

★電影裡印度女性的長髮形象

在印度大多數的傳統舞蹈最初的意義都與宗教脫不了關係，所以模擬神的形象與姿勢，成為各種不同傳統舞蹈的基本要素。至於印度女性不論老幼都喜歡留著一頭烏黑的長髮，走在印度街頭看見的印度媽媽，也大多是把頭髮盤起，綁成一條長辮子披在肩上。印度媽媽的長髮與華人社會中上了年紀的婆婆媽媽們都要去燙一顆「高麗菜頭」的現象很不一樣。由此可知，印度女性視相當重視自己的長髮，覺得這是很女人味的一種表現。

在印度電影中如果要表現女性舞動的身形與動感，一條長辮子就變得非有不可，如果頭髮不夠長就會再綁上一條布蘭達髮辮。由寶萊塢銀色夫妻檔在二〇〇七年合作的電影《寶萊塢之風雲大亨》當中就有髮辮的場景；丈夫遠赴外地做生意，出門前與妻子產生小摩擦，兩個人身處二地但卻思念對方，一首名為Tere Bina（沒有你）的歌舞當中，先生幾次抓住太太髮辮的俏皮模樣，濃情蜜意深植人心。

◆相關電影作品：《寶萊塢之風雲大亨》Guru／二〇〇七年（印度）出品

4 帶來幸福的彩繪，蔓哈荻

蔓哈荻（Mehndi／India Henna）可以算是印度服飾中風格鮮豔的一環，只不過它不是穿在身上而是畫在身上。印度彩繪這項藝術其實不僅止於印度，在其他南亞國家，如：巴基斯坦、尼泊爾、斯里蘭卡等地都有這樣的手繪藝術，而且廣大的伊斯蘭世界也都有這樣的文化傳統。因此，若要了解印度服飾就勢必要知道什麼是印度彩繪（蔓哈荻）了。

這種手繪藝術與傳統刺青不同，在印度稱為蔓哈荻，傳到西方後被稱為指甲花身體彩繪（Henna tattoo）。所謂的蔓哈荻，是指將指甲花樹葉製成原料後，把肌膚當成畫布，在手上與腳上畫畫。

這種代表祝福及好運的印度傳統裝飾藝術，自一九九九年好萊塢巨星瑪丹娜作為EBEL名錶廣告代言人，在舞台上表演時手上繪滿印度傳統的彩繪，以及後來安潔莉娜裘莉在《古墓奇兵》電影系列中的印度身體彩繪身影等，好萊塢明星的加持下，其神奇魅力更加大放異彩，趨之若鶩的人也增多。目前，喜歡這種身體圖騰的人還不少，它不但風格強烈又具有個人特色，更可以依照繪製者的藝術感與美感呈現出不同的花樣。因此蔓哈荻這門技術，在歐美和不少東方國家中都有喜好者。

準新娘的單身派對

在印度，女性的婚前單身派對一定會有畫彩繪這項活動。此時，新娘的女性親友都會來到新娘家中，幫新娘的手腳都仔細畫上繁複又美麗的彩繪圖案，從手指一直延伸到手臂；從腳趾一直延伸到小腿，而新娘就要這樣保持不動的姿勢讓大家在身上作畫數個小時。大家這麼忙進忙出，為的就是希望新娘在婚前可以享受最後一次當大小姐的待遇，然後帶著親友畫下的滿滿祝福，在嫁到夫家去之後，希望婆婆看在美麗的彩繪份上，能夠對媳婦好一點，讓新嫁娘暫時少做一些家務事。當然，就得要讓這個天然染料在身上停留久一點。

另一種說法是，如果彩繪停留在身上的顏色越深，就代表先生會越愛你，所以這個好看又好玩且具有各種祝福象徵意味的彩繪，在印度和部分國家當中會如此深受歡迎又永不褪流行，這大概是最大原因了！想想看，在印度，父母之命的婚姻仍普遍存於社會，新嫁娘如果在婚前看見身上的彩繪圖樣顏色又深又美，這是多麼符合每個女孩對婚姻及愛情的一種憧憬！在鄂圖曼土耳其時代，土耳其有錢人的傳統房屋當中，還會有專屬的女性會客室，當中的功能之一就是設計給女眷們在裡頭互相玩彩繪之用！也就是說，這樣的手繪藝術影響的地區不僅止於印度，從南亞到中亞，從中亞到波斯甚至廣大的伊斯蘭世界，都有這樣的文化背景。

圖案的種類

傳統的印度彩繪圖案大多不脫宗教含意，將印度教三大主神的形象、坐騎、不同的化身，都能成為作畫的靈感。例如毗濕奴有十個化身，並騎在神鳥迦樓羅或坐在蓮花上，四支手臂分別拿著不同的神器：法輪、法螺、蓮花及金剛杵。梵天的坐騎是天鵝，祂也曾經騎在天鵝上，向上尋找千年前熊熊烈焰的火柱盡頭究竟在哪兒？但最後發現那是濕婆的「林迦」（生殖器）；而信徒人數眾多的濕婆，則有地、水、火、風、空、日、月、祭祀八種化身。以上提到的種種與神話故事有關的元素，都是印度彩繪的熱門款式。

花草圖案的彩繪蔓哈荻。

至於阿拉伯世界因為宗教信仰為伊斯蘭教，不崇拜偶像，所以彩繪的圖案就以象徵多子多孫的佩斯利（Paisley）為主。佩斯利的基本圖案是水滴、變形蟲、無花果等意象的圖騰，最早是來自波斯的佩斯利所設計。因為可以不斷的延展、重複、對稱的加長彩繪面積而深受喜愛。流傳到喀什米爾以後，被大量運用到披肩花色上，在蒙兀兒時代時受到重視。就因為這樣的圖案名稱起源自佩斯利之手，加上在蘇格蘭以毛紡織品著名的佩斯利鎮，也量產此圖案的織品，所以就漸漸以此名流傳開來。

另外，不管是南亞或阿拉伯地區，彩繪的經典款則是以花朵與藤蔓最受歡迎，常見花種為玫瑰、蓮花、向日葵、水仙花、小雛菊等。藤蔓象徵奉獻，代表婚姻生活需要與另一半共生分享，才能通往光明前景。

中國的卷草紋（唐草紋）也受過影響

除了前述的南亞與阿拉伯世界以外，彩繪這樣的藝術也影響了中國。大家都知道中國的唐代是相當國際化的時代。在大量出土的金銀器當中，可以看見上流社會仕女所用的首飾盒，上面的金銀裝飾圖案有著來自中東及南亞的彩繪圖騰風格。當時絲綢之路上的活躍商人為粟特人，這支來自中亞的民族，將異國文化源源不絕帶進了唐朝，不少粟特人也落地生根成為工匠，將這些非中國傳統的圖案與藝術設計融進了中國的工藝品當中，成為璀璨的唐代文化推手之一。

後來在出土的各項文物當中，就有大量類似印度彩繪的花草藤蔓形象的圖案設計。當時中國喜歡以忍冬、荷花、蘭花、牡丹等花草，以S形波浪狀曲線排列構圖，這樣的花草造型圓潤又典雅，很受中國人喜愛，所以大家稱之為「卷草紋」，因盛行於唐代故又名「唐草紋」。

中國大陸有許多回教民族，加上在中國南方也看到過記載種植指甲花粉的紀錄，可見印度與中國文化還是頗有淵源。

★電影裡的蔓哈荻

印度電影中，只要有婚慶的場合，就一定會有彩繪出現。在南印電影《鐵甲戰神》中，有一幕是機器人要展現它人性化的功能；把它派去婚禮場合，內建的彩繪功能，可以快速又準確的將圖案畫在來參加婚禮的每一位女性手上而大受歡迎。由於畫細膩繁瑣的彩繪圖案是很費手勁的，同時也需要一定的繪畫技巧還有掌控 Henna Cone 顏料管的能力，因此這個印度機器人內建這項功能格外有趣，也具有印度特色。

此外，電影《只要為你活一天》當中，女主角以為自己終於可以嫁給符合父親期盼的高種姓、高學歷、高收入的男二之後，開心的畫上彩繪，並且喜孜孜地穿著紅色嫁衣來到婚姻登記處等待新郎的來臨，不料反悔的新郎沒出現，讓女主角傷心至極而引發腦瘤疾病，始終守護著她的男主角則一路陪伴她。最後女主角發現自己最愛的是男主角，也終於得到家人的同意成婚，但她希望這份幸福可以停留到手中的彩繪消失，可惜卻沒有等到，在她闔上眼的那一刻，蔓哈荻圖案還是鮮明的在她手上，像一朵朵血的淚花（彩繪停留在身上的天數通常是7至14天不等，有的部位可以更久一些）。

◆相關電影作品：《鐵甲戰神》**Robot**／二〇一〇年（印度）出品

《只要為你活一天》**Sanam Teri Kasam**／二〇一六年（印度）出品

5

印度服飾的花朵，印染與綁染

印度服飾的圖案，最具代表性並令人印象深刻的就是各種手工染布技術。印度人最常使用「印染」（蓋染）和「綁染」等方式著色，很多時候，你會看到各種印度服飾品牌或是店家強調「均為手染」的字樣，多少增添了印度服飾的藝術感及獨特性。隨著時代進步，現在已有不少染布程序被機器所取代，但手染物品仍受許多人青睞。

所謂「印染」，就是將圖案刻在木頭上，然後拿印章沾染料蓋印在衣料上。這種印染的技術，非常能看出師傅的功力，每位印染師傅都有著好多年經驗，看著他們蓋、印在一匹匹布上的專注神情，彷彿就是替這些布蓋上了生命一般，讓平面的布轉變成為立體，舞動般的視覺效果非常令人讚嘆。這些印染的木頭印章一次只能印一種顏色，所以顏色一多就必須重複蓋印。可別小看那一個個的木頭章，它們也是手工一顆顆雕刻出來的，一個圖章只能刻出一個圖騰，越細緻的圖騰雕刻越費時、越見師父功力。若你曾見過印度服飾強調手工蓋印的過程，就會知道這的確是一種服飾的精華呈現。

另一種手工「綁染」的技術，原理就是用橡皮筋或其他綑綁工具綁在衣料上，染色時，被綑綁的地方不會被染到色。一般而言，一件衣服綑綁的地方要非常多，這樣才能顯示出花色的變化性，形成一件件特殊的服飾。在印度拉賈斯坦邦裡的服飾呈現，頗具代表性的布料，有不少就是用這樣的綁染技術做出來的。

許多頗具知名的印度品牌，例如：ANOKHI、SOMA、COTTONS等，就有許多獨到的蓋染花布，成功建立屬於自己品牌特色及穩定的品質。它們每隔一段時間會定期推出新花布，除了用在該品牌的衣服上，各種家飾、布品也都擁有眾多愛用者。在印度逛街時，若看到一個個手工做的印章，不妨買幾個回家送給喜歡做手帳的朋友，會是很有印度味道的小禮物。

★電影裡的印度綁染布料

二〇〇五年印度有一部賣座電影《鬼丈夫》，由印度天王沙魯克汗和一線女星拉妮．穆戈姬（Rani Mukerji）主演。故事敘述一位住在樹裡面的鬼愛上了出嫁的新娘，但新娘的先生在婚禮之後就要出外經商好幾年。鬼就化身為新郎的模樣回到家中與新娘共處了幾年的恩愛時光，直到真正的新郎回家發現妻子竟然已經懷孕了！真人老公與鬼丈夫就陷入搶奪新娘的戰爭中……。

這部片將民間故事改編帶上大銀幕，透過綁染布料和布料上稜鏡的各種鏡頭，反射出女性在父權社會下的不是完全靜默的內心戲。電影中飽滿的顏色，搭配以綁染布料出名的拉賈斯坦風情，是非常具有印度代表性的視覺畫面。這部電影擄獲了印度人的心，同時也榮登印度裔美國人最愛的電影之一。

不過由於《鬼丈夫》的故事以富商家庭為主軸，所以主要角色的服裝雖被視為傳統服飾中的最佳詮釋，實際卻與當地一般農民的真實樣貌還是有差距。

◆相關電影作品：《鬼丈夫》Paheli／二〇〇五年（印度）出品

6 在印度，乞丐都穿得比你美

在印度，你可以穿得簡便，但絕對不能穿得隨便。印度是個窮人多，但有錢人也多到你無法想像的國家。而且他們有天生帶有自我療癒的能力，連審美觀也有自己的見解。來到印度，如果你仍一貫保持遮陽裝搭配「外套、帽子及口罩」的外出造型，那就等著淹沒在印度的人海中，暗自感嘆這趟旅行的行頭、拍的照片不盡滿意吧！

不要再說「穿爛衣服去」啦！

在印度，當你坐在車裡穿梭車陣當中，不免會遇到乞丐，或是帶著小孩前來敲窗乞討的婦女。若你有默默觀察、偷瞄，會發現印度的窮人，即使生活在水平線以下，穿著略帶髒破的紗麗，但身上該有的耳洞與鼻環、基本印度裝飾，好像一樣都沒有少過。再加上他們天生的大眼睛還有像扇子一般的長睫毛、深輪廓，即使沒有穿著乾淨的服裝，樣貌仍然很吸睛！

★電影裡的貧民、貧民窟

台灣人所知的印度貧民窟形象，比較具體的了解，大概就是從電影《貧民百萬富翁》裡而來。電影裡的孩童也是從貧民窟裡挑選出來的童星，即使因為電影爆紅，但最後還是得回到貧民窟裡繼續生活。

即使生活條件不符合人們對於最低生活基本需求的標準，但貧民窟自成一格的生活模式，對於經濟能力不佳或是各種「孟買漂」、「德里漂」的人們來說，在人海茫茫的大城市裡，有自己一個安身立命的小地方，懷抱著「孟買夢」，並在溫飽線上掙扎著生活，不也是一種「活在當下」的真實生命歷練？對於他們來說，生活本來就是一場修行。

◆相關電影作品：《貧民百萬富翁》Slumdog Millionaire／二〇〇八年（英國）出品

7

世界最大的露天洗衣場，在孟買

到孟買旅行的遊客，似乎都會把參觀露天洗衣場（Dhobi Ghat）作為前往印度的「必去」景點。在外地人眼中它是景點，但對孟買人來說卻是日常生活。如同電影《孟買日記》裡面男主角之一的洗衣工慕納說的：「我不能明白這些我們每天生活看到的東西，為什麼是妳們這些有錢人認為的『清新』！」

孟買著名的露天洗衣場。

與英國殖民大有關係的露天洗衣場

Dhobi是一個專門洗衣服的種姓名稱，Ghat是洗衣人碼頭之意。在十九世紀末英國殖民印度期間，透過印度的棉、大量的勞動力及市場，讓印度這隻大金雞母成為英國工業革命背後的一股支撐力量。當時工業發展正如火如荼在全世界發酵，印度孟買因為地處港口與鐵路的交通要衝，增加了大量的勞動人口。漸漸的，孟買的百姓面臨了水不夠用的問題。

當時的英國政府建造了約八百個洗衣槽，共有十四個入口，從清晨五、六點開始允許百姓到裡面洗衣服，一直到傍晚五點關閉，晚上不能在裡面逗留。至於Dhobi人，從第一代到後來的二、三代……自此開始了從事洗衣服的工作。這項洗衣槽的公共建設，是當時英國政府引以為傲的工程，到現在這裡也成為全世界最大的露天洗衣場，每天吸引許多觀光客參觀。對了，這裡也鄰近馬哈拉克斯米（Mahalaxmi）火車站，搭火車來這裡就能一窺究竟。

誰是露天洗衣場的主客戶？

目前每天仍有約七千名左右的洗衣工，在每日工作時數超過12小時的環境裡，持續洗出他們的人生。一件件洗得亮白、熨得平整的床單、衣服、各種布料，晾在簡陋的工舍、洗衣槽，以及孟買的陽光與空氣之下。這是孟買日常，也是孟買的獨特人文風景。

「誰才是這些露天洗衣場的客戶呢？」直到今天，即便孟買已經有很多家庭都有洗衣機，也有不少家庭送洗，但露天洗衣場更多是處理孟買各公司行號及中小型旅館所送洗的制服、床單、枕巾等布品；還有一些婚紗業和服裝經銷商。很多私人洗衣店也會把衣服送到這裡來洗，但一件衣服會向客人收取50盧比的價格，可是露天洗衣場洗一件可能只需要5盧比。當然也還有一些來自家庭的需求，《孟買日記》裡的慕納就必須要前往高級住宅區向客戶收取送洗衣服，待洗好後又送回來。

這讓我想起住在孟買的那幾天，也拿衣服給旅館送洗，白天送洗晚上就拿到了，還燙得整齊又留有溫熱的溫度。不知道我的衣服是不是也來自這些Dhobi Ghat洗衣工人之手呢？

★電影裡的露天洗衣場

二〇一〇年由阿米爾汗主演的《孟買日記》透過四個角色與四段人生，交錯編織出一幅孟買生活畫像。其中飾演洗衣工的慕納（Munna），雖然擁有年輕俊帥的外表與體格，但白天卻在露天洗衣場工作，晚上則是個負責打老鼠的老鼠工。這兩樣工作在印度都是低種姓的工作，即使因緣際會認識從美國回來，在孟買度假的銀行家有錢大小姐夏伊（Shai）願意把他當朋友平等對待，但他也只能默默愛著大小姐，深知兩人不會有未來，更有無法衝破的階級意識。想當電影明星，期許在社會上能有一席之地的慕納，只能把未來寄託在明星夢之中，離夏伊遠去。

◆相關電影作品：《孟買日記》**Dhobi Ghat**／二〇一〇年（印度）出品

8 沒有廁所不嫁人

如果你去過印度，會發現印度街頭的人文風景之一，就是常常會在民宅的外牆上看見斑駁磁磚貼出來的神像圖案，抑或是在牆上直接畫上代表各宗教的符號。原本以為，這是印度人對信仰虔誠的一種表現，畢竟這個國家數千年以來人民的日常生活與一切都與宗教有密切連結。但是仔細了解後，我才明白上述的舉動，其實很大的原因是要「防止家門外被人隨地便溺」，也就是說，就因為信仰虔誠，所以藉此可以有效嚇阻印度人在神像或宗教符號前大小便的陋習。

六億以上的人口，有戶外大小便的習慣

還未深度探究這個國家時，你會把隨地大小便與貧窮及落後劃上等號，等到越來越認識印度這個國家才發現，不僅僅是在街上無家可歸的窮人會到處大小便，就連家境小康的正常家庭，家中也不一定有廁所，這到底是什麼原因呢？

主要原因還是歸咎在：根深蒂固的種姓制度框架。在種姓社會裡，認為打掃清潔這種工作是低種姓的人做的，更何況是廁所，而且還必須要跟排泄物共處一室，這點讓很多自認高種姓的印度人無法接受。因此即使家境不錯的印度家庭，家中依舊沒有廁所，更甚者是整個村莊當中也沒有廁所！因為廁所與清理劃上等號；清理與不潔淨劃上等號；不潔淨又與不敬神劃上等號。這樣一條龍的老舊思想，在印度的許多地方仍是無法打破的一道高牆。

在印度甚至還有超過百萬的「達利特」（賤民階級），擔任徒手扒糞、清理化糞池及下水道的工作。雖然早在上個世紀末，印度政府就規定禁止用人力來清理這些排泄物及垃圾，但實際上，在印度仍有上千萬間的廁所與下水道及溝渠是利用這些人力來疏通垃圾與糞便。

沒有廁所不結婚

印度女性安全問題，一直是台灣人最關心和想去印度又卻步的人，腦海中浮現的問題榜首。的確，因為居家環境沒有廁所，造成印度女性必須要在清晨與日落時分結伴去野外上廁所，此舉已經是印度女性（尤其是農村）的基本日常。「堅持結伴」是她們保護自身如廁安全的防護罩，因為在野外如廁期間，如果有男性經過，同行的女性會一起出聲音把男性趕走，再不然就只能用衣角或長巾杜帕塔遮住臉。可是，趕得了君子卻趕不了登徒子，許多令人遺憾的性侵事件就是在這樣的日常背景下發生。

通常，住在農村的印度女性會手持一壺水去野外上廁所。水壺滿的，代表要出發去上廁所；水壺空了，代表上完了。不像許多國家的人習慣用衛生紙清理屁股，但印度人習慣用水清洗。從家中出發到能夠上廁所的野外，少則數分鐘，多則一小時都有可能，可以隨心所欲到乾淨的地方上廁所，對印度農村婦女來講是多麼奢侈的夢想。所以，尿道炎也是印度女性的好發疾病，而許多印度婦女更練就了自己的生理時鐘：一天只上兩次廁所。

隨著時代進步，越來越多婦女明白不能夠把傳統陋習當成生活準則，因為當家中或村里的男性，寧願把錢花在買衛星收看更多電視頻道，而不把家中女眷的如廁安全當成第一要件，這時與其逆來順受，不如起身反抗。所以，當來自印度北方邦的婦女因為家中沒有廁所而向法院訴請離婚獲准以後，這樣的案例開始在印度發酵，並更加受到重視。二〇一七年隨著電影《廁所：一個愛情故事》的開拍與大賣座之後，搭配印度總理莫迪的「潔淨印度」計畫，相信這場因廁所而興起的印度女權運動後勢看漲。

潔淨印度計畫

印度總理莫迪（Narendra Modi）在二〇一四年年上任以後，提出「廁所先於神廟」的口號，預計在二〇一九年時，要興建五千萬間廁所，讓廁所可以落實在家庭與農村之間。但目前為止，雖然已興建超過兩千萬間廁所，但「潔淨印度」（Clean India）的目標，還在廁所數量與改變民眾如廁習慣之間打轉當中。

此外，在莫迪政府如火如荼提出這樣的政策目標時，坊間也出現了印度農業部長戶外隨地上廁所，身旁還有保鑣「把風」的新聞，引起國內外媒體一陣喧騰。究竟是有廁所但不想用？還是廁所普及化的數量仍有一大段數據要追趕？總之，印度的不思議，就連「上廁所」這樣的事情都可以躍上國際版面，可見這個國家實在有太多需要我們換個角度去思考的地方！

★電影裡，因為沒有廁所而不結婚的故事

這是印度二〇一七年的熱門電影，幽默諷刺印度社會陋習的愛情喜劇。故事是男主角為了愛妻力抗印度傳統思想，歷經百般困難要在村子裡蓋一間廁所的過程。「一對愛侶因為愛情，而建造了泰姬瑪哈陵，但我卻連一間廁所也蓋不成……」當妻子離去，他為家中蓋不成廁所而感嘆不已。

這部《廁所：一個愛情故事》其實是真人故事改編，搭配印度近幾年來在莫迪總理推動的「潔淨印度」政策下，順勢營造話題，同時也創下六億多台幣的票房。由此可見「廁所」這樣日常生活的居家配備，在不思議的印度也可以成為一種話題與風潮。

◆相關電影作品：《廁所：一個愛情故事》**Toilet：Ek Prem Katha**／二〇一七年（印度）出品

9

來印度就是要搭一次火車

一九九八年由沙魯克汗主演的一部電影《我心深處》（Dil Se）裡有一段著名歌舞chaiya chaiya；沙哥與一大票印度人坐在火車車頂上唱跳與泡妞，火車還兼過山洞的景象，輔以電音配樂與傳統印度風，這火車上的取景、運鏡實在令人印象深刻（這部片的配樂大師就是著名的Ａ・Ｒ拉曼）。此景也加深很多人對印度火車的第一個印象與問題：他們都是這樣「開外掛」嗎？

事實上，鐵道系統可以說是印度的重要交通命脈，所以火車的運行絕大部分都是在正常的情況下。如同日本，在孟買、德里這樣的大城市，火車其實就是很日常的通勤工具。實際搭上動輒得花10小時以上的長途火車，更是不太可能常常出現「開外掛」的情況。像是印度這樣的大國也在日日進步中，大家千萬不要被老舊的新聞畫面，或是印度電影歌舞給洗腦得太嚴重了。

印度鐵道的發展

印度近代化的發展與英國東印度公司有緊密的關係，十八世紀一場互相爭奪海外殖民地的英法七年戰爭（一七五六～一七六三年），戰勝的英國得到了加拿大與印度大片的海外領地。印度的棉花和茶葉成為英國最大的海外原料產區，同時間，印度也成為英國海外最大的市場與勞力來源。這些誘因推動英國在十八世紀啟動棉紡織品的工業化，殖民地印度影響了英國的工業革命，進而影響了全世界的發展，一直到今天。

在印度北方邦的重要港口坎普爾（Kanpur）因為扼守在恆河河岸上，是北印度重要的工業中心，加上附近也盛產棉花、小麥、甘蔗和油籽等，是恆河到亞穆納河之間農牧產品的重要集散地。坎普爾的發跡就起源自十九世紀初，此處原來是英國在印度北部重要的軍事及貿易地點，之後隨著英國工業革命的開啟，英國人也開始在這裡興建棉紡織廠，並透過鐵路將貨品運送至加爾各答（英國殖民印度時的印度首都）。坎普爾的重要性，可說超越了北方邦首府勒克瑙。

至於在印度西邊的孟買，則崛起於美國南北戰爭期間（一八六一年～一八六五年），當棉花產區的美國南方陷入內戰之中，孟買身為天然的深水港承接了更多的棉花出口貨運量，加上一八六九年蘇伊士運河開鑿後，印度的海上貿易向西海岸轉移，孟買港變成為印度對外運輸的主要門戶。此時印度的鋼鐵工業也正因為貨物運輸的需求，使鐵道建設開始發展起來，十九世紀末，印度的鐵道總長度已位居全世界的第五名。當然，這些鐵道的路線都是以通往各個港口為主，但也成為現在印度最為密集且價格最為經濟實惠的交通系統。

列入世界遺產的火車站

十九世紀印度的原物料和交通網，大大的提升了英國工業革命後的發展，印度這個金雞母當然讓英國相當重視，所以一八八七年在孟買，又名「維多利亞火車站」的「賈特拉帕蒂・希瓦吉終點站」（Chhatrapati Shivaji Terminus）落成，車站在建築形式上和

看不到盡頭的印度火車站月台。

倫敦及墨爾本的火車終點站類似，是一座華麗的哥德式建築。這樣的商機同時也促成了印度塔塔集團（Tatas）與博拉集團（Birlas）的興起。

搭一趟長途火車試試

以外國人來說，在印度長途旅行夜行臥鋪火車是最好的選擇，有臥鋪的火車分為1AC、2AC、3AC、SL（sleep class）四個等級，AC指的就是冷氣。其中1AC及2AC相當於頭等艙與商務艙這樣的概念，大概是最能被外國人所接受的。車廂內空氣清新，附上以現代化清洗、從工廠送來的枕頭套、床單與毛毯，座位上都有充電的插座，同車廂的印度人也都有禮安靜，作為長途旅行想省時省錢，這兩個艙等是很不錯的選擇。

若想要體驗真正的印度火車日常，不論搭乘

孟買維多利亞火車站夜景。（© 阿曼達林）

時間長短，可以選擇只有座位的車廂，一種是 AC Chair Car，這當中又分 AC Executive chair class 和 Air-conditioned chair-car 兩種：前者是高級一點的絨布座椅軟座位，後者是塑膠椅墊。

通常，你在新聞或電影、電視畫面常看到擠滿了人的車廂就是 2nd Class。搭這個基本上就是各憑本事，你擠得上去又占得到位置那就去坐。但是要有心理準備，當交通高峰期的時候，一個位子坐三個人，或是上方的置物架及地上的通道都擠滿了人，這算是印度最廉價火車艙等的常態。如果你和他人的安全距離能夠縮減到 0.1 公分，並且能夠忍受各式各樣的氣味，那麼坐上這個艙等的車廂，絕對是最道地的印度火車體驗。

在印度搭乘火車的時間動輒數小時以上，當火車停靠在某些大站時，就可以看見「奶茶小弟」在月台或是上車廂來直接問人：「要不要來一杯奶茶（chai）？」也有很多小販會做好一份份的食物，在月台及車廂兜售。某些站的這些熱食相當美味，口碑隨著火車聲名遠播，好吃程度甚至連遠在英國的印度餐廳菜單上，都會看到像 Train Curry 的火車美食。看來，這些美食配方早已經名揚海外了。

★電影裡的印度火車

沙魯克汗在電影《寶萊塢愛情特快車》當中，飾演一位「賴家王老五」，某天他的高齡祖父去世，祖父希望孫子可以將他的骨灰一半撒在恆河，一半撒在南印度的聖河拉姆斯瓦蘭（Rameshwaram）之中。但是貪玩的男主角想跟死黨趁機跑到南印度的果阿邦去度假，只好先帶著爺爺的骨灰先跳上往南印度大城清奈的火車，打算中途下車繞道去果阿。不料卻在火車啟動之際，他拉上來一位正在被黑道追殺的漂亮女孩，然後他的這趟旅程與未來人生都因為這輛開往清奈的列車有了改變。

片中即使火車已緩緩啟動，但男主角仍然可以拉許多人上火車。在印度，火車車廂非常多，一列長途火車的車廂甚至可以多達數十節，所以火車通常非常非常長，從啟動到真正全數駛離月台，還有相當多的時間。由此可見電影當中「拉人上車」的劇情安排，是真的很符合印度火車的情況啊！

◆相關電影作品：《寶萊塢愛情特快車》**Chennai Express**／二〇一三年（印度）出品
《漫漫回家路》**Lion**／二〇一六年（澳洲、美國、英國）出品

10 司機絕對是你在印度旅行的重要夥伴

印度面積是台灣的91倍大！（印度國碼也是91）只有幾座大城市，才有稍微的便捷大眾運輸系統，所以到印度旅行，絕大部分是需要靠「與各種交通工具的司機斡旋」，才得以平安、順利到達你想到的目的地。

機場→市區

前往印度旅遊，如果你沒有事先預訂好接機的司機，那麼一出機場立刻會被各種花招百出前來攀談的印度人給迷了心智。建議你冷靜3秒、見招拆招，以堅定為核心，就不難理解他們話術，便可重新應對。

當然，要避開被攀談給人的不確定感和困擾，最簡單的方法還是在出發前就先預訂好接機的司機，方法如下：

1.直接用英文搜尋該機場名稱，後面加個 taxi

然後就會出現許多印度當地的計程車公司，或旅遊公司網頁。其實很多印度當地網站做得很好，可以直接上網填表單，選好你要的車型、你的搭乘人數、行李件數、抵達班機號碼及時間，就可以送出表單了。如果是有誠意的旅行社會用 email 傳送你的接機資訊，你可以回覆並再次確認他們當天會前來接機。

2.在機場裡面的計程車櫃台購買乘車券

這個方法很牢靠，拿著票券堅定心志的前往排班計程車方向前進，中途不要被各種前來攀談的人蠱惑，就可順利搭到車子。如果不幸遇到司機在途中想試圖想改變你的住宿地點，會說那邊有〇〇〇活動，道路封閉開不進去類似這種鬼話，一定要立刻佯裝打電話給飯店確認情況。基本上，南印度的城市司機較為誠實，北印度的就要繃緊神經一點。

3.請預訂的住宿飯店來接機

有些飯店在預定時，會另外標出機場接機的價格，可選擇那個選項訂房，之後就會有司機舉著牌子來機場等你。但一定要記得，需把寫明已付錢包含接機的訂房單列印出來，然後特別標起來，免得萬一遇到想要藉機多賺一筆的司機在下車時要你付計程車費。有先準備這張訂房單，就可以跟司機直接到飯店櫃台爭個道理。

4.印度的機場入境大廳，只要出了任何一個大門，想要再走進來就是不行！

這是一個相當奇怪的規定，所以當司機是在大門外等候時，請先站在門裡面向外探頭探腦，免得你人走到門外張望，卻又沒看到司機想返回進門卻被拒絕。因為印度外頭酷熱又沒椅子可以坐著等，可是相當麻煩的。

各大景點或跨省之間的移動

想要舒舒服服在印度旅行，最好的方法是包車或是參加當地旅行社的行程。

1.參加當地旅行團

想省錢的話，先用英文去搜尋你要去的省分與景點，就會跳出許多當地旅行社的頁面，當地的旅行社網站做得好的不在少數，而且也已經把大部分觀光客到當地會想去哪些景點，分別以一日遊、二日遊、三日遊……這樣的方式排出來並且列出價格。有的時候旅行社網站會直接跳出對話框，讓你可以直接根據行程來提問。

如果該旅行社可以收國際信用卡，那就訂好行程、付好錢，寫信給旅行社確定你的預訂資料，記得一定要收到回信確認才算數！接著，列印好行程確認單，就安心的在當天跟著印度當地旅行社安排的行程去玩。

通常，這樣的行程會有統一的公開上車地點，所以請務必先查好住宿旅館到上車地點的交通狀況，以免遲到，車子開走了就是被放鴿子了。

2.包車

同樣需要先用英文去google你的目的地，同時尋找當地的旅行社或車行的資料，看到順眼的就直接寫信去問行程價格。當然，這個要有極大的耐性，要有信件往來不下數十封才能成交的心理準備。相信我！這點印度人的耐性絕對比台灣人高竿。但是這樣也可以看出店家的誠意，一封信、一封信討論出來的行程是最安全可靠的。

如果確定包車，有幾點會影響價格：印度的車子空間較小，所以行李箱及人數不能算得剛剛好。不能因為貪便宜就選剛好的車型，否則會坐得不舒服。此外，車子上是否會提供每日、每人至少一瓶或以上的礦泉水，車上是否提供wifi這些細節可以當作比價的參考元素。

誠信做生意的印度人還是很多，特別是很多印度人的生意都是家族經營，與這樣的店家往來其實還是很不錯的經驗。準時、可靠的印度司機還是很多的，只要出發前多用點心找資料及溝通，到印度旅行不用過度擔心。

短程景點及代步工具：嘟嘟車和計程車

嘟嘟車是印度人的日常生活不可或缺的交通工具，三輪有頂的小車，司機身穿燙得筆直襯衫及褲子，但腳上穿的鞋子可能就不怎樣，是最經典的印度街頭景象。叫嘟嘟車如果是從住宿旅館出發時，可以先向櫃檯人員詢問到目的地的價格一般是多少，減少被當肥羊宰的機會。通常，從旅館出發的嘟嘟車或計程車的價格會是比較正常的。途中，若要估算自己搭乘的時間，可先用google地圖來計算公里數，這樣心底才有個底，

車水馬龍的印度市區，嘟嘟車絕對是最經濟的好夥伴。

回程的時候也好用來面對可能漫天開價的嘟嘟車司機。在印度自助旅行就是要這樣隨時隨地多拉緊神經，這樣才可將自己的旅行功力提高好幾個 level。

不管搭計程車或嘟嘟車，上車前都要確定好是否按錶收費，如果不是一定要講好價錢再出發。在一些高級飯店或購物中心外叫車的話，司機通常會坐地起價，因為他會認定你是有能力在裡面消費的外國人，所以讓他多賺幾個錢無傷大雅。搭車出發前務必在心裡有個底價，貴一點可以，但貴太多就孰可忍孰不可忍了。

至於，若遇到繞路的狀況，一定要開啟 google map，讓司機知道你在盯著看，知道他是否有繞遠路。下車時如果司機又漫天收費，一定要先下車再開始吵架，最後再把你該給的錢給他就扭頭走人。記得該給的錢就給，但也不要懦弱的任人宰割。

印度人很淡定，台灣人很驚恐

此外，因為嘟嘟車並沒有密閉的車門，加上印度人不管是人跟車之間的安全距離都很少，所以車子與車子之間只差 1 公分對他們來說都是「很正常」的情況。還有，搭嘟嘟車請務必坐好，膝蓋要盡量靠攏，豪邁坐姿膝蓋很有可能會被撞到瘀青。

到印度旅行也許很烏煙瘴氣，但這就是到印度旅行時，最令人懷念的當地特色魅力之一！

Chapter

5

印度電影樣貌

不只寶萊塢！認識印度電影工業

寶萊塢不等於印度；「印度良心」阿米爾汗過去其實也演過幾部愛情片。究竟哪裡可以看到不錯的印度電影？讀完這一章，印度演藝圈的大小八卦、電影哏，甚至該如何追星，都可一手掌握。

1 除了寶萊塢，什麼是托萊塢、康萊塢？

說到印度電影，如果你以為「寶萊塢」（Bollywood）代表整個印度電影工業，那可就大錯特錯了！然後，如果你也以為看了幾部由「印度良心」阿米爾汗主演的電影，就覺得自己了解印度電影走向與市場，那也是有點天真。因為在印度，至少有三個以「萊塢」著稱的影視基地，分別是寶萊塢、托萊塢（Tollywood）及康萊塢（Kollywood）。

孟買有個寶萊塢

「寶萊塢」是指以孟買為影視基地，語言使用以北印度語（Hindi，又稱印地語）為主的電影。對台灣觀眾來說，這個還是最為熟悉的印度電影主流。但因為台灣人缺乏對印度細節的認知與了解，所以只要是看到有印度演員的電影，或是外景在印度的電影，就會概括性的認為這是寶萊塢，在一些電影簡介裡面也會很刻板的寫上「印度語」發音，其實這是一個很深的誤解。

不屬於寶萊塢，但卻是大眾較為熟知並且在台灣有院線上映的電影：《貧民百萬富翁》（Slumdog Millionaire／英國出品）、《金盞花大酒店》（The Best Exotic Marigold Hotel／英國出品）、《漫漫回家路》（Lion／澳美英三國合作）、《天才無限家》（The Man Who Knew Infinity／英國出品）等，這些只是因為電影中有印度裔或印度籍演員參與，但不代表這是由印度出品的電影。所以如果下次想表達自己看過的寶萊塢電影，千萬就不要把這些電影當作「開場白」。

至於什麼是北印度語，這是屬於印歐語系的一種語言，是由古梵語發展而成的現代印度語，如果粗略劃分的話，孟買以北的印度人大部分都會說這個語言。此外，在寶萊塢電影中也常聽到的烏爾都語（Urdu），是印度另一個使用人口相當多的語言。它起源自印度被英國殖民前的最後一個王朝「蒙兀兒帝國」，蒙兀兒人把波斯文化也一起帶進了印度，可是當時的貴族，身上雖然流著成吉思汗的蒙古血液，但文化上卻深受波斯影響，所以官方通用的語言是波斯語。在文化洗禮及千錘百鍊之下，波斯語與印度本土方言、阿拉伯語混合成了現今通行於印度穆斯林及巴基斯坦的烏爾都語。

看完了這些，千萬不要以為印度只有一種語言叫印度語！幅員廣闊的印度，東南西北各有自己的文化脈絡，南印度的人並不一定懂北印度語，反之亦然。至於孟買的影視基地，有專屬的片廠提供電影、連續劇及廣告的拍攝，也有開放一般遊客參觀，詳情就留待下個篇章揭曉了。

海德拉巴有個托萊塢

海德拉巴位在印度的中部，屬於安得拉邦，主要使用的語言是泰盧固語（Telugu）。這個語言的歷史從現存最早的碑文來看，是出現在七世紀，使用人口約四千萬，是印度重要的語言之一。使用泰盧固語拍攝的電影被暱稱為「托萊塢」註，又稱泰盧固電影，在印度及新馬一帶占有相當龐大的市場和觀影人口，其影視基地位在海德拉巴的拉莫吉影城（Ramoj）。

二〇一六年、二〇一七年由台灣片商「原創娛樂」引進的泰盧固語史上最強鉅片《帝國戰神：巴霍巴利王》與《巴霍巴利王：磅礴終章》在台灣上映，到目前為止，

註　在加爾各答，也有個以孟加拉語為主的電影被稱為「托萊塢」，只是電影風格走的是寫實路線，與常見的熱鬧華麗，或是灑狗血及特效不斷的主流印度電影，風格不太一樣。

這兩片算是最為台灣觀眾所知的泰盧固電影。不過印度電影在海外播放時，有時會考量票房問題，把泰盧固語發音重新配音成北印度語再上映。

對於我們這些外國人來說，無論是配哪種語言都無所謂，因為很陌生也分辨不太出來，但對於印度觀眾或是印度電影粉絲來說，這是很至關重要的環節，因為他們會以是否原音、原汁呈現？來判定代理片商是否真正重視印度電影的深度價值。道裡如同含情脈脈的韓劇被弄成中文配音，韓粉也都沒有辦法習慣與認同。

在印度，人們會把泰盧固語、淡米爾語、坎納達語、馬來亞姆語和圖魯語為主的電影合稱為「南印電影」。過去就曾有一部馬來亞姆語電影《神》（Devru）來台北市取景過。看到這裡，有沒有覺得其實這些「印度萊塢們」離我們很近？

清奈有個康萊塢

在新加坡及馬來西亞，甚至許多來台灣進行博士後研究或擔任外派工程師的印度人，許多都來自南印度的清奈（Chennai）。清奈通行的語言是淡米爾語（Tamil），在新馬的小印度區看到的印度商店招牌大多都屬這個語言，以淡米爾語發音的南印電影就稱作「康萊塢」。

淡米爾語使用人口超過七千萬人，歷史超過兩千年之久，是印度另一個相當重要的語言，而這個「康萊塢」出產的電影，自然也有大批的支持者與海內外市場。在印度，電影劇本通常會互通有無，如果南印電影拍出好口碑與票房，寶萊塢也會把劇本買走再找寶萊塢演員來詮釋、演繹，不過「票房有沒有比較好？」那倒不一定。

在印度電影界有許多這樣的範例，例如經典鬼片《蟬佐慕琪》（Chandramukhi／淡米爾語）與《祖廟鬧鬼記》（Bhool Bhulaiyaa／北印度語）；另外，曾經在台灣上映過的《超世紀戰神》（Ra. one）便是以虛擬電玩為主軸，在機器人身上注入了印度電影擅長的家庭親情流動元素，再由印度天王沙魯克汗主演，相當受人注目。可是，這部戲其實有原型，是邀請了淡米爾語界的大神拉吉尼甘特（Rajinikanth）來主演的《鐵甲戰神》（Endhiran）；人性化的機器人，在人性本善還是本惡之間徘徊。戲中運用特效，讓這部電影有變形金剛進階版的刺激感，是跳脫一般印度電影那種較為傳統的家庭倫理、愛情悲喜劇的另一種呈現模式。

「康萊塢」電影中對於型男的標準與我們想像中的不同，通常，有著鬢角、大肚

中譯片名：鐵甲戰神	中譯片名：超世紀戰神
原文片名：Endhiran	原文片名：Ra.One
導演：S. Shankar	導演：Anubhav Sinha
演員：Rajinikanth、Aishwarya Rai	演員： Shahrukh Khan、Kareena Kapoor
上映：二〇一〇年（印度）出品	上映：二〇一一年（印度）出品

腩的大叔型演員深獲淡米爾語地區的歡迎。「康萊塢」中的頂級一哥拉吉尼甘特已經年近七十，但還是印度人心中的大神。不僅僅是「康萊塢」買單，連「托萊塢」及「寶萊塢」界中的大腕兒，都常常會在電影片段或是表演當中加入向他致敬的哏。這些都是要做了一些功課，了解印度電影文化的觀眾，才能體會的印度娛樂細節，進而與印度人暢談同樂的啊！

類似的劇本在康萊塢、寶萊塢翻拍的例子

《鐵甲戰神》敘述博士製造出的機器人「奇弟」，被裝上了有人工智慧與情緒的晶片，機器人本來應該是可以代替士兵上戰場打仗，是國防上的重要助力，但博士卻在國安會議的發表會上，遭受對手忌妒，對手藉此發明具有壞人基因的晶片裝進機器人身上，於是機器人開始一乘十，十乘百的複製，大肆破壞印度秩序，甚至還愛上博士的未婚妻並把她擄走……。

《超世紀戰神》則是電玩工程師夏卡設計出虛擬實戰的遊戲，在封測階段時，因為兒子誤闖遊戲間，導致意外發生，讓程式大亂。遊戲中的大壞蛋 Ra. one 跑到現實世界到處殺人，夏卡本來也在現實世界抵擋 Ra. one 去世，但是為了要拯救被擄走的妻子以及完成對兒子的承諾，其他人放出了遊戲中的好人 G ONE，讓夏卡復活，開始了追捕 Ra. one 的故事。

2

寶萊塢的演藝世家

在印度龐大的影視產業當中，家族勢力是不可忽視的一環。檯面上的大明星們，大多都來自導演、製片、大明星的家庭，父祖輩的庇蔭，讓星二代、星三代都能順利拿到開啟星途的鑰匙，硬是比絕大多數人少奮鬥好多年，雖然能不能大紅大紫是一回事，但坦途是不可否認的。

巴占家族（Bachchan）

女明星如果不是來自演藝世家，那麼選美就是一個最好的路徑。大家熟知的印度代表美女，也是海外知名度最高的艾許維亞・雷伊（Aishwarya Rai）就是印度小姐亞軍出身，她代表印度參加一九九四年的世界小姐選美奪得冠軍，後來更被國際媒體封為「全世界最美的女人」。她是每年坎城影展都會邀請的紅毯嘉賓，常跟鞏俐、范冰冰這些坎城常客排在一起，代言的品牌也不計其數。

艾許維亞．雷伊於二〇〇七年嫁給寶萊塢星光熠熠的巴占家族。公公阿米塔．巴占（Amitabh Bachchan）是寶萊塢老一輩最成功的演員之一，曾經演而優從政，翩翩身影也被英國杜莎夫人蠟像館相中，是首位進入該蠟像館的寶萊塢明星。婆婆賈雅（Jaya Bachchan）在結婚前也是印度知名的女演員，更曾獲獎無數受到觀眾喜愛。先生阿彼謝克．巴占（Abhishek Bachchan）則是銜著金湯匙出生的公子，在重視歌舞的寶萊塢，身高差不多有一九〇公分的他手長腳長，跳起來就是不像其他的演員這麼靈活，但卻非常有喜感，漸漸的也在寶萊塢電影中找到自己適合的戲路。二〇〇六年兩人接連合作《勒克瑙之花》（Umrao Jaan）、《幻影車神 2》（Dhoom 2）時傳出曖昧，兩人在二〇〇七年宣布喜訊，成為寶萊塢影壇的熱門大事。

可愛的阿彼謝克．巴占從小就有閱讀障礙，這個小插曲還被知名電影《心中的小星星》（Taare Zameen Par）用來當作鼓舞小男孩尹祥的積極案例。還記得當初看到阿米爾汗舉這個例子時，忍不住笑了出來，這算是台灣觀眾比較不能了解的印度電影幽默。這也代表巴占家族在印度海內外都是數一數二的知名，他們位在孟買的豪宅也是另類的觀光景點，每天都有影迷到門口朝聖，當然也包括我。

卡普爾家族（Kapoor）

卡崔娜・卡普爾（Kareena Kapoor）是許多寶萊塢一線男明星中最常合作的女星之一，也因為與阿米爾汗合作《三個傻瓜》、《阿米爾汗之大搜索》（Talaash）等片較為台灣觀眾所知。她的姊姊卡麗詩瑪・卡普爾（Karishma Kapoor）也是印度影壇公認的美女；表弟同樣也是目前叱吒寶萊塢的一線男星蘭比爾・卡普爾（Ranbir Kapoor），他所主演的電影《戀戀大吉嶺》（Barfi）在台灣上映過也頗受好評。

上述的三位都是目前活躍於寶萊塢影壇的明星，他們算是卡普爾家族的第四代。說起這個卡普爾家族可以說是寶萊塢第一家族，第一代普利特維拉・卡普爾（Prithviraj Kapoor）出生於巴基斯坦，身上留著阿利安人的血液，他捨棄家鄉的好日子不過，為了追求演戲的夢想自組流浪劇團，在印度各地巡迴演出。一九三〇年代之後開始拍攝電影，最著名的當屬一九六〇年代的《蒙兀兒王朝》（Mughal-e-Azam）。下一代自小耳濡目染，長子拉吉・卡普爾（Raj Kapoor）是印度早期最為人所知的導演，一九五〇年代他所執導並演出的《流浪者》（Awaara）紅遍印度，並在海外打開知名度，父子倆可以說是卡普爾家族奠基寶萊塢深厚基礎的佼佼者。

3K天王

這三位同樣出生於一九六五年的印度穆斯林，縱橫寶萊塢影壇超過二十年，是認識印度明星一定要知道的入門知識。

1. 沙魯克汗（Shah Rukh Khan）

在印度電影世界中，有好的家庭背景可以平步青雲是一個大家都默認的公式，但是也有例外。印度天王沙魯克汗就是完全沒有演藝家族當後盾，全憑自己努力打造出他在寶萊塢的天王地位。他是一位穆斯林，但和婆羅門種姓的太太偷偷戀愛好幾年，幾經波折終於結婚，他的太太婚後也沒有改信伊斯蘭教，兩種宗教相當平和的在同一個家庭共存。

沙魯克汗的影迷遍布全球，可以用億來計算。除了印度、中東及歐美都有他的粉絲之外，也因為拍攝電影《迷蹤再現》1和2（DON、DON 2）前往馬來西亞取景，擁有眾多當地印度裔影迷，進而在二〇〇八年，由馬六甲州當局冊封他為拿督（dotuk）。這個頭銜，無論是對本國人或外國人來說都是相當高的一種榮譽。

2. 阿米爾汗（Aamir Khan）

阿米爾汗大概是最為台灣人熟知的印度演員了！他自從《心中的小星星》、《三個傻瓜》、《來自星星的傻瓜》，一直到《我和我的冠軍女兒》已經在台灣累積相當多鐵粉，許多從來不看印度電影的觀眾，會因為是他主演的電影而買票進戲院支持。印度電影在台灣戲院上映一向要排檔期，而且還要看戲院的臉色才能夠搶到好檔期和放映廳次，但阿米爾汗的電影就是票房保證，跟其他苦哈哈經營的印度電影相比，早已經殺出一條血路。現在媒體都很喜歡用「印度良心」來形容他，他在全世界各地的粉絲人數也是嚇嚇叫，也有相當多人支持他演而優從政。

阿米爾汗其實是童星出生，因為父親跟叔叔都是製作人，八歲時就開始客串演出。一直到一九八八年出演了「印度版的羅密歐與茱麗葉」《冷暖人間》（Qayamat Se Qayamat Tak）才聲名大噪，還因此獲得「印度奧斯卡」最佳新人獎，自此躍為寶萊塢的一線男星。

但他的光芒真正邁向國際化是在成立自己的電影公司之後，二〇〇一年一部《榮耀之役》（Lagaan）獲得好萊塢奧斯卡金像獎的最佳外語片提名，雖然最後沒有得獎，但已經是印度電影的榮譽。從此之後，他就相當愛惜羽毛的以一年一部戲的速度，穩紮穩打的涉獵各種議題。其實早期的他，也演出過好幾次癡情、俊帥的男主角，只是現在這種角色很難在大螢幕上看到了！

3. 沙爾曼汗（Salman Khan）

沙爾曼汗是３Ｋ天王中唯一還未婚的，因為曾經出現過幾次負面新聞，例如：非法持有槍械、不小心開車撞死人、燒烤保育類動物，因此爭議不斷。但另一方面，他也曾用自己的影響力去建立品牌、成立慈善基金會，幫助許多年輕人追夢。根據實際看過他本人的印度人說，他是一個非常大方又NICE的人，所以其實也並不全然是所謂的「印度壞小子」或是「花花大少」。

早期的他是長相俊秀的奶油小生，因為帥氣、擅長舞蹈，常擄獲觀眾的目光，也曾與當時相當年輕的沙魯克汗及阿米爾汗合作。早年與他傳出緋聞的是前述、大名鼎鼎的印度美女艾許維亞・雷伊談戀愛，後來又與年紀小她十幾歲的寶萊塢新一代一線女星卡崔娜・卡芙（Katrina Kaif）談戀愛，都無疾而終，現在還不知情歸何處。

大概從二〇〇七年左右開始，沙爾曼汗就積極健身，以沉穩及肌肉型男的形象出現在大螢幕前，其中以硬漢警察的形象最深植人心，《通緝令》（Wanted）、《爆裂警官》1和2（Dabangg、Dabangg 2）、《寶萊塢之終極保鑣》（Bodyguard）等都是叫好叫座的賣座強片。印度人似乎也選擇善忘他令人爭議的新聞，轉而去記住他打擊壞人幫助小孩的形象。

近年的《小蘿莉的猴神大叔》（Bajrangi Bhaijaan）、《重返冠軍路》（Sultan）更是印度票房數一數二的強片，善良硬漢、中年奮發向上的大叔等形象，讓影迷都在期待他下一部的作品。

3 到孟買大明星家敲敲門！

孟買的地標建築很多，可看的人文風景也很多，但是對於一個支持印度電影十幾年的鐵粉來說，到孟買一定要做的事，就是到明星家外拍照朝聖。經由這次經驗也得知，孟買的司機如同網路上所說，對於印度明星家在哪裡真的都有概念，而且還會幫你安排路線、順序！以我們去的為例，就真的一次看了近十位明星的家，有的可以下車拍照，有的是只能在車裡慢速通過然後透過車窗拍。印度的媒體好良善，沒有狗仔隊這件事，這些聲勢如日中天的巨星，住的房子也不是真的那麼豪宅到無法親近，所居的社區，其實就跟一般印度中上階層住得起的地段一樣。

1. 李提克・羅森的家

李提克・羅森（Hrithik Roshan）暱稱大帥。出生演藝世家，與妻子十四年的婚姻在二〇一四年劃下休止符；現在常常在 Instagram 更新他與兩個兒子的日常動態。螢幕上常常是俠盜或硬漢的他是一個低調的人，在孟買的房子位在綠化頗完善的住宅區，是一棟半舊的洋房，完全感受不出這就是大明星的家。因為他家前面不准人下來拍照，所以透過車窗拍其實不能拍到全景，就只能這樣跟大帥說掰掰了。

2. 蕾卡的家

蕾卡（Rekha）是印度老牌的女明星，第一版的《勒克瑙之花》（Umrao Jaan）就是她主演的，目前還常活躍於各大印度影展活動。早年的她相當美豔，即使現在已過六十，還是可以看出當年風華絕代的手采，不過大概全印度的人都知道她是寶萊塢演藝世家阿米塔・巴占的女朋友，這段八卦緋聞是公開的秘密。她家離大帥家很近，在同一條路上，座落在寧靜的住宅區。

3. 阿傑・德烏根、卡約兒・德烏根的家

卡約兒從一九九五年以來，與沙魯克汗的《勇奪芳心》螢幕情侶形象歷久彌新，二十年來多次搭檔演出都很受印度觀眾歡迎。卡約兒的老公阿傑・德烏根則是自從演出南印風格的硬漢角色之後，事業又再上高峰。這對銀色夫妻的家也是很低調，不能停下拍照，只能慢速在車子裡一探究竟。

4.阿米塔・巴占、阿彼謝克・巴占、艾許維亞・雷伊的家

鼎鼎有名的巴占家族，一家大明星的氣勢果然不同！豪宅門口有警衛，因為每天都有來自各地的影迷到門口拍照，好不容易遇到有開放門口拍照的這天，我當然也就下車狂拍，然後在上車離開前又看到另一批印度人也下車跑去照相。（這個家族在寶萊塢的豐功偉業可以參考前一篇的「寶萊塢演藝世家」）

5.沙希德・卡普爾的家

沙希德・卡普爾（Shahid Kapoor）一樣來自演藝世家，崛起於二〇〇三年前後，他家位在大馬路邊上，看起來是一棟頗高級的公寓，而且距離另一位在近年頻頻有叫好叫座作品出現的印度女星薇迪雅・巴蘭家不遠，不過因為在馬路旁邊，不方便下車拍照。

阿米塔・巴占一家位在孟買的豪宅。

6. 薇迪雅・巴蘭的家

近年來她最有名的電影就是《桃色汙點照》（The dirty picture）及《無畏之心》（Kahaani）系列，讓她再攀事業高峰。其中《桃色汙點照》電影歌曲「嗚啦啦」旋律朗朗上口，一度成為該年度各大媒體及影展活動的熱門哏。她家和沙希德・卡普爾的家距離很近，但同樣不能下車拍照。

7. 沙魯克汗的家

暱稱沙哥，沙魯克汗的家絕對是經典啊！是印度影迷都應該聽過這一號人物。他們家面海，外面是個小斜坡，家門口還有個公車站牌，整個社區看起來就是濱海高級社區，卻又不是太難親近。走訪這麼多明星家，只有他家的外面充滿熱情民眾在等著他出來 say hi，而穿著紗麗的我們也變成熱情民眾的合照對象。沙哥在二〇

古銅色大門為巨星沙魯克汗在孟買的家。

一六年的電影《沙魯克汗之終極粉絲》（Fan），一人分飾兩角，狂粉在他家樓下站崗，只為見偶像出門的那一刻，然後心滿意足瘋狂大叫的場景，就是每天在他家樓下的日常。

8.賽夫・阿里汗、卡崔娜・卡普爾的家

賽夫・阿里汗（Safi Ali Khan）是一位穆斯林，爸爸是板球國家代表隊長，媽媽與妹妹都是演員。結束第一段婚姻之後，二〇一二年與寶萊塢知名卡普爾家族的女明星卡崔娜・卡普爾結婚。卡崔娜・卡普爾可以說是天王御用的女明星，曾多次與3K天王、李提克・羅森等大牌明星合作，台灣觀眾印象最深刻的就是《三個傻瓜》了吧！這對銀色夫妻的家位在高級公寓的二樓，整棟樓還有別的住戶，但從外表看起來就像是有錢、有品味的年輕夫妻會選住的地方。他們家離沙哥家不遠，但是離阿猛哥家更近。

9.沙爾曼汗的家

3K天王之一的「阿猛哥」沙爾曼汗，是我個人最愛的寶萊塢明星，到他家門口拍照是我追星之旅的重點與壓軸！阿猛哥的門口是開的，歡迎影迷前來拍照。他家門口也是有警衛，從門口一眼望進去的整排汽車都是他的愛車，多麼希望就遇到阿猛哥從裡面走出來，可以直接撲倒他懷中拍合照呀！

10. 阿米爾汗的家在哪裡？

有「印度良心」之稱的阿米爾汗，他家和上述寶萊塢大明星們的家相較，距離很遠，所以光是用半天的時間是來不及連他家都一起巡禮的。網路上查得到他家住址，但不知道是真是假，連當地司機都說他是一個極度重視隱私的人，因此他家不在主流的星光區也是可以理解，的確是很像阿米爾汗的風格。

4 連映二十年不下片的經典片《勇奪芳心》

你一定不敢相信，印度電影《勇奪芳心》（Dilwale Dulhania Le Jayenge）這部電影自一九九五年上映以來，已經創下連續上超過二十年的紀錄！這部被影迷暱稱為DDLJ的電影，創造了印度電影的一個傳奇。在孟買的馬拉帝寺廟電影院（Maratha Temple），每天早上11點半都會播映一場《勇奪芳心》，票價是25盧比（約新台幣12元），而且大概都還可以有個三至四成的票房。

這部電影並沒有非常曲折離奇的故事，講述的就是一對印度青年男女在歐洲旅遊邂逅、相遇，從互相討厭對方到發現對方是真愛的過程；女主角已經由在印度的家人安排了婚事，男主角在家人的支持下勇敢到印度追愛，並獲得女主角家人的支持與祝福。

上圖，上映至今已超過 20 年的《勇奪芳心》是寶萊塢經典。

孟買寶萊塢影城裡，3K 天王之一沙魯克汗的蠟像。

劇情表面上看起來是再平凡不過的一部印度愛情故事，但這部片成功打造了沙魯克汗與卡約兒這對螢幕情侶，也讓沙魯克汗縱橫影壇超過二十年，並達到天王的地位！你可以說：有印度人的地方，就有沙魯克汗的電影和光芒。在電影中的配樂，甚至是許多後來的印度電影，會時不時出現一部分的旋律，當作是對電影致敬或惡搞的橋段。而且沙魯克汗在電影中雙臂張開180度的招牌動作，也成為他日後不論是拍照或是參加各大典禮活動必備的姿勢，POSE只要一擺出來，絕對獲得全印度人的歡呼。

究竟有什麼魅力可讓印度老中青三代都買單？

在印度，父母之命、媒妁之言、相親結婚，其實非常普遍，不管你是鄉村男女還是到海外念書、高就的菁英分子，這樣的婚姻模式，是印度即使是不同社會階層都存在的共同點。再加上大部分的印度人比較早婚，二十歲上下就結婚的男女很多，所以其實很多人沒有談過真正的戀愛就走進了婚姻裡。換句話說，印度人對「愛情」還存有渴望，愛情是支撐現實生活的重要元素！

將不能在現實生活中實現的愛情寄託在電影之中，自由戀愛、海外相遇邂逅、媒妁之言婚約、追愛、尋求雙方家長認同與祝福等，《勇奪芳心》恰好有所有印度人對於愛情的美好想像與必要因素。

那個年代的寶萊塢電影，非常時興家庭倫理、愛情悲喜劇的模式，後來的沙魯克汗也拍了好幾部這樣的愛情、倫理悲喜劇，像是二〇〇〇年的《怦然心動》（Kuch Kuch Hota Hai）、二〇〇一年的《有時歡笑有時悲傷》（Kabhi Khushi Kabhie Gham）都不乏這樣的模式，並且由這對王牌螢幕情侶搭檔，每部片都膾炙人口，深受歡迎。即便到了二〇一五年卡約兒已經減少拍片量，但仍再次與沙魯克汗攜手合作《再奪芳心》（Diwale）這部電影，同樣掀起一陣熱潮。

看到這裡有沒有發現，其實大部分的印度人還是相當念舊，雖然現階段不少電影已經慢慢脫離傳統軌道，並漸漸趨向好萊塢風格，但「愛情經典」始終是不會褪流行的票房良藥。

5

追星之路！掀開寶萊塢孟買、海德拉巴影城面貌

如果說有所謂的西班牙朝聖之路、耶路撒冷耶穌受難苦路十四站、印度尼泊爾佛教朝聖之路，那麼印度絕對該多一條追星朝聖之路！這條路的大本營就在孟買，一路從孟買延伸到海德拉巴的拉莫吉影城（Ramoj），堪稱追星壯遊路線。

寶萊塢電影大本營

身為一個超過十五年的印度電影粉絲，到孟買再怎麼樣也要去「寶萊塢影城一日遊」（Bollywood Film Tour）！這個行程必須要有影城內的導遊前來接待，並沒有對外開放散客自由進入，所以必須透過旅行社來訂購。前往時，要感謝我的旅伴，因為她根本不是寶萊塢影迷，卻願意花好幾千塊台幣跟我參加這個行程，沒錯！寶萊塢一日遊的包團行程就是要一百美金起跳。

市面上的影城套裝行程，依照私人客製化或拼團包車等形式，售價差距很大，但無論如何就是必須要「團進團出」。由團體司機到指定地點載客之後，進入影城大門，就彷彿看到《如果愛在寶萊塢》（Om shanti om）電影場景活靈活現地出現在眼前，負責影城導覽的專業導遊會在入口處等待導覽，進入影城之後，就要跟著影城導遊的腳步來認識這個印度影迷的神聖之地。

通常，半天的行程會挑選三個正在拍攝的劇組進行參觀。拍攝中的劇組對於觀光客的參觀都很習以為常，並沒有嚴格禁止發出任何聲音或不可隨意走動的限制。演員就在眼前開演，我腦海中卻一直想著收音的問題，但很顯然是想太多，印度人總有我們想不到的方法去解決很多問題。可以實際看到演員在演戲和工作人員執行的模樣，算是影迷追星之路的大體驗。

在孟買寶萊塢影城裡《蒙兀兒帝國》的畫報、海報。

參觀當天，其中一個劇組正在拍ON檔的戲，在之後幾天的旅程中，我還在阿格拉的旅館裡不小心看到這齣連續劇，想起在孟買影城裡跟這群演員互動的畫面。大部分印度演員都很親切，一邊忙著拍攝一邊稱讚我們，隨時等著入鏡的演員也願意跟我們一起玩自拍。但可惜的是這些演員都是電視劇演員，並不是常常在電影中看到的演員。

「硬漢警官專用」3K天王之一薩爾曼汗在孟買寶萊塢影城的蠟像。

參觀影城有幾個固定的必走行程。第一個是到視聽室看寶萊塢電影風華史簡介，裡面大概有一半都是阿米塔・巴占、沙魯克汗等大腕級演員的畫面。百年風華簡史結束後，會直接就地欣賞寶萊塢舞群現場表演舞蹈，之後有人會拉著在場觀眾一起跳舞，舞蹈不難，歐美觀光客都跳得蠻開心的。

影城中最好拍照的地方就是一系列通俗場景，例如：廚房、監獄、法庭、CEO辦公室等。除了拍一堆情境照，當然也有一整面獎盃的牆，還有然後每位寶來塢大明星的蠟像，是可滿足所有影迷的拍照天堂。

還有托萊塢的拉莫吉影城

在去過孟買的寶萊塢影城和海德拉巴的拉莫吉影城之後，個人深深覺得：拉莫吉影城的CP值要高上許多。如果你們會想去LA的環球影城體驗西部牛仔、侏羅紀公園等電影盛況，或者對於體驗大阪環球影城哈利波特的奇境興致勃勃，那麼身為印度電影的鐵粉就絕對不能錯過拉莫吉影城！

雖然這座影城位處海德拉巴，不過寶萊塢也會來這裡拍電影。拉莫吉影城每年盛產數百部電影，除了許多已經完善的電影場景以外，到處還有可讓觀光客喝的飲用水，以及價格實惠的餐廳，價格跟其他國家的樂園相比簡直太親民。

拉莫吉影城非常大！距離市區開車需要一小時，附近還有小學，猜測大概都是電影工作人員的小孩。在影城門口附近還會看到一車車的校車和穿制服、下課就往影城前進的小學生（這些孩子將來可能都是重要的印度電影推手）。如果對印度電影一無所知，來到拉莫吉影城，可能會覺得無聊，畢竟裡面搭遊覽車與介紹的導覽員都使用泰盧固語，就連北印人可能也聽不懂，這時候知道每部電影的關鍵詞就很重要了。所以對於不懂印度各種語言的人來說，聽導覽時只要抓住電影關鍵詞，例如片名或演員名稱，搭配行經的拍攝建築，就會知道導覽員在講什麼。

每年參觀拉莫吉影城的遊客約有150萬人次，抵達海德拉巴機場就可以看到有專屬櫃台在兜售套裝行程，前去參觀的幾乎都是印度人，外國觀光客不多。在影城裡，除了搭遊覽車認識拍片場景之外，還有三座室內影城可以參觀，一個是I-MAX影院，運用了虛擬實境體驗機，讓觀眾坐在小型電影區，螢幕上會出現太空船穿越太陽系碰撞到隕石的情境，搭配晃動的椅子、光影與乾冰的配合，讓你臨場體驗太空人的感受。

第二座室內體驗區，是將觀眾導引到小攝影棚，找一位自願的觀眾做出鞭策馬車的樣子，再運用軟體與key板技術將畫面跟電影中被壞人追趕的橋段做結合，讓觀眾有跑進電影中的感覺。接著就是邀請觀眾到前台，看著分別有沙子、水、木箱、紙和樂器之類的東西，讓觀眾看著畫面如何製造出被馬車追趕的馬啼聲、風聲、樹林聲、急促聲等音效。這全套體驗，就是用簡單的技術告訴觀眾電影的畫面與音效是如何做出來的，最後再讓觀眾看到兩者結合的成品。

最後一個展區則是用小車子載你到一個遊園山洞，園內有各國的電影代表場景，燈光與模型做得也很有趣的。這三座室內展區以第二個最有趣，是個可以跟印度人同樂的有趣體驗。

也許拉莫吉影城沒有刺激的聲光效果和冒險遊樂設施，也沒有讓全世界都知道的電影布景，但在印度電影粉絲的心中，「經典場景就在眼前」的興奮感，是追星之路值得朝聖、無法取代的原因。

南印度的托萊塢影視基地：拉莫吉影城，占地相當廣闊，寶萊塢電影也常來此取景。

6

直擊！印度賣座鉅片《帝國戰神：巴霍巴利王》片場

二〇一五年的《帝國戰神：巴霍巴利王》在印度賣翻了天，成功把南印度的泰盧固電影（托萊塢）推上高峰，也讓更多人知道印度不是只有寶萊塢。同一年底，台灣的金馬影展也引進了這部片前來參展，個人雖然不是第一次看泰盧固電影，但那次看完之後的震撼感在心中久久不能散去。於是興起了（前篇）到泰盧固電影的影視基地拉莫吉影城一訪的念頭。

前往海德拉巴

計畫前往印度自助旅行時，並不知道台灣已經有片商買進《帝國戰神：巴霍巴利王》準備院線上映。幸運的是，好友阿曼達林知道了我的印度計畫，告訴正在準備要替電影宣傳的電影公司，當時巴霍巴利王正如火如荼的拍攝下集，拍攝的主場地就是位在海德拉巴這個電影大本營。於是誤打誤撞的我，成了印度特派員，這大概也是台灣第一位可以近身採訪印度大明星的例子吧！真是上天送的一個超級大禮物。

電影公司替我聯絡了製片公司的劇組，由於不確定當天可以採訪到誰，所以出發前我和電影公司的美眉一起討論了要採訪男女主角、製片、導演的各種問題，以備不時之需，最後帶著能代表台灣禮物的行李出發了。深怕在大明星面前漏氣，在飛機上我還不斷拿出稿子來練習，當然為了這一天，我還在行李放了兩公斤重的紗麗，總是不能在印度人面前輸了氣勢，對吧！

原來大明星很親民

訪問當天一大早，旅伴們幫我把紗麗穿得更妥當，劇組的車子很準時來旅館接我們。拍攝地點具體在哪裡我也不知道，不過距離海德拉巴市區大概有一小時的車程，拍攝場景全都是搭建出來的，也是延續第一集以來耗資數億的強片。場景雖然是搭建的，但卻非常精緻，直到一年多以後看到下集《巴霍巴利王：磅礡終章》上映，我才知道原來當時看到的場景，是電影中昆塔拉王國的部分。

採訪當時看到工作人員不管負責哪個部分，都各司其職，柱子上的雕刻或是地板上的圖騰都是工匠細膩、一筆一畫的功勞。後來訪問製片Mr.Shobu才知道，其實預算很大一部分是這些工作人員每日的開銷，至於大家討論得很熱烈的電腦特效與後製，占的比重沒有想像的多。

採訪現場所有人都不能帶手機及相機，即使我們有拍照，但是事後也都被劇組把關，看過如果覺得不可以的照片就當場被刪掉，真是保密到家！當然，會這麼嚴格的目的，就是不能讓場景設計以及所有演員的造型提前曝光，因為這是花下幾個億成本的鉅片，每個細節都要小心再小心啊！

當天我們很幸運地碰到男主角普拉哈斯（Prabhas）正在昆塔拉王國場景拍攝，導演非常認真地正在拍攝他的鏡頭，只見大概在38度高溫下，同一個鏡頭普拉哈斯大概拍了有二十幾次吧！然後不時回到導演的帳篷去看螢幕呈現出的效果，非常認真與敬業的模樣，很難跟電影上舌燦蓮花又唱又跳的形象聯想在一起。

在訪問男主角前，我先採訪了製片人Mr.Shobu。第一次

普拉哈斯給台灣朋友的中文問候

擔任特派員，專訪電影《巴霍巴利王：磅礴終章》的男主角普拉哈斯。

接觸國際電影界人士，發現製片人十分親切，沒有架子地接受來自遠方台灣朋友的採訪，覺得相當感動。我們前後大概聊了近半小時，還讓製片人拿著台灣島形狀的鳳梨酥合照，錄了好長一段講中文的影片。看著之後製片人與導演一起到坎城影展等地宣傳的影像，深深覺得能近身的採訪真的好幸運。

本來男主角普拉哈斯並沒有空出來接受我們訪問，但後來情況調整，大概是劇組人很好，普拉哈斯人更好，所以他用自己的休息時間並換了造型，才出來接受訪問，整個將特派員採訪的一天帶進高潮！

很難形容那種感受，那是一種……當超級巨星從走近這個帳篷時，會感受到有強烈氣流擾動的氣氛，並飄散著淡淡香味。一如電影裡的角色一樣，普拉哈斯高大威猛但是聲音溫柔又有禮，跟我們寒喧握手之後，就坐下來接受訪問，此時有專屬攝影師在旁邊拍照，時不時也會有三位也很帥的妝髮師衝上前幫他整理髮型，能夠跟偶像講話真的好亢奮！

為了完成電影公司給的使命，除了訪問之外，還必須將「普拉哈斯說中文」的影像檔帶回台灣在網路宣傳，以及帶一份有親手簽名的小禮物回來當作與粉絲互動的贈禮。於是當下我還成為普拉哈斯講中文的啟蒙老師，看他很配合的一字一句學習，真覺得他人超好，的確是超級巨星！之後普拉哈斯也大方的和我們合照，還叫工作人員記得帶我們去吃飯，沒想到我們的中餐也包含在電影劇組的預算中，與有榮焉！

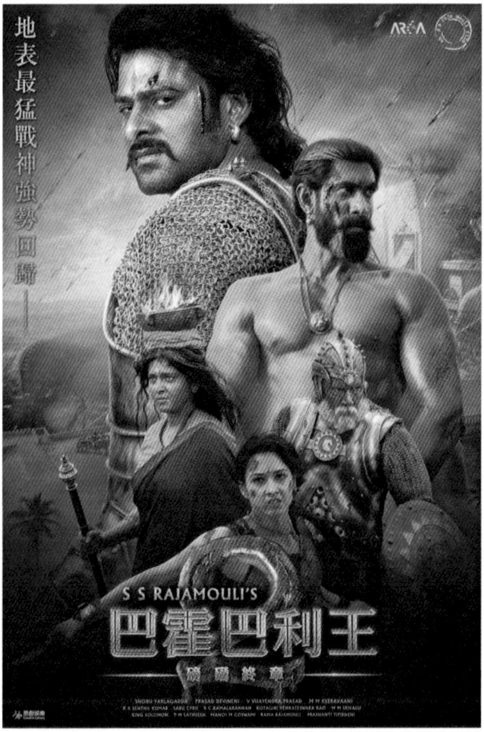

© 原創娛樂。

製片公司半日遊

離開訪問男主角的帳篷之後，劇組又帶我們去參觀道具製作的地方，可惜這裡也是不能拍照。中餐過後，我們來到製片公司與劇組的工作人員一同開會，見識到印度人在辦公室工作認真的模樣，有種真實走入印度電影情節的幻覺，印度工程師還為我們端上奶茶，接著就覺得一整天輕飄飄的，夢中的場景呈現在現實生活中，大概就是這樣的感受吧！

這是我的印度特派員日記，也是個人喜歡印度電影超過15年，資深粉絲獲得的最好的一份大禮。期待還有更多機會可以跟印度大明星接觸，影迷們，衝啊！

特別篇1【影迷必知】

台灣哪裡看得到印度電影？

十幾年前，當我迷上印度電影的時候，台灣幾乎不太有機會可以看到有中文字幕的印度電影。因此若有機會去香港時，就一定要去重慶大廈買有英文字幕的ＤＶＤ；到新加坡或馬來西亞時，也會想盡辦法到印度戲院看印度電影。後來去印度的時候，再怎麼樣都一定要趁晚上跑出來看一場印度電影，然後才知道……原來在印度的電影院，電影是不一定有字幕的（囧）。不禁想，聽不懂的人該怎麼辦？大概也是跟我一樣鴨子聽雷，只有大銀幕有畫面就心滿意足了。

這十幾年來，印度電影在台灣從慘澹經營到漸露曙光，內心真的得到極大安慰！。所以綜合十多年來的經驗，練就得一身探索印度電影的雷達系統，現在就分享哪裡能夠找到有中文字幕的印度電影，當然前提是合法的影片來源，因為合法版權是真的很重要！

偷偷說一下：根據個人採訪南印大明星普拉巴哈斯，以及友人幸運偶遇阿米爾汗的經驗，大明星的第一個問題都是：「你們在哪裡看到我的作品？」此時，你總不好說你的影片來源是來自某某網站下載的吧！因此如何找到合法、有中文字幕印度電影是相當重要的！

1.各大影展參展片

觀看印度電影，每年以春季的「金馬奇幻影展」和秋季的「金馬影展」為大宗，這些影展近年來維持一年兩次，至少有四部片左右的數量參展。通常，影展也同時是許多片商的風向球，如果影展反映不錯，版權就有可能就會讓台灣片商買下，有機會上院線造福更多台灣的影迷。

我自己的影展追戲之路起自於二〇〇三年在金馬影展參展的《寶萊塢生死戀》（Devdas），雖然這不是我的第一部印度電影，但是華麗的歌舞還有目眩神迷的場景及光影取景，的確讓人目眩神迷，之後還是重複看了相當多次。當中的經典歌舞，也成為學習印度舞的必備舞碼。相信這部片，也是許多台灣人進入印度電影的入門款吧！二〇〇八年的金馬影展則是印象中最熱鬧滾滾的一次，因為同時有四部寶萊塢電影的主流商業片強勢來襲[註]，讓不少印度粉絲興奮不已。對於純粹追星的粉絲來說，即便參展影展走向不一定符合自己所愛，但一次四部商業主流電影真的讓粉絲們全都動起來，並組成紗麗大隊，直接殺進西門町戲院去支持金馬影展！

2. 院線上映

除了參展影片之外，還有一些片商自己會去海外的影展觀摩，憑著莫大的勇氣與個人喜好買下印度電影，在院線上映。對於這些片商我向來抱持無比的景仰，因為要在對印度電影偏見還非常普遍的台灣電影市場，苦心耕耘印度電影是一件非常了不起的事！尤其過去印度電影動輒三小時，許多戲院不願意排檔期或是大廳給印度電影。往往難得有一部印度電影上映，身為腦粉的我們就要一周內去二刷三刷，深怕他過不了七天就下片，也為了希望讓片商可以保持勇氣繼續購買印度電影，因此腦粉的我們

註　這四部電影分別是：《如果愛在寶萊塢》（Om Shanti Om）、《帝國玫瑰》（Jodhaa Akbar）、《駭速霹靂火》（Race）、《心中的小星星》（Taare Zameen Par），其中除了《駭速霹靂火》之外，其他都有在台灣院線上映過，當中以阿米爾汗執導《心中的小星星》一片獲得廣大迴響，讓很多不曾接觸印度電影的台灣人，認識原來印度還有這樣的教育熱血好片。

就會用自己的新台幣去默默衝票房，即使幫助真的非常非常微小，但心意卻是無限的遠大。

記得二〇〇七年的時候，台灣上映了一部由大帥李提克・羅森主演的印度強片《奇魔俠》（Krrish 2），我一直在想當初會有片商買它的原因，可能是這部片在新加坡出外景，然後大帥戲中的武術指導是程小東，所以才會有台灣觀眾捧場吧！雖然後來的票房似乎不怎麼樣，但這部片有天在無線電視台的冷門時段播出之後，吸住了我好友阿曼達林的目光，讓她從此跌入印度電影深坑，成為「阿曼達林撒花俱樂部」的版主。

3. 各縣市電影節相關活動

各縣市每年推動文化產業的預算很不一定，所以電影節相關活動及規模當然不如金馬影展這樣保持一定的水平。在過去十年內，高雄市、新北市、桃園市、台北市等都舉辦過電影節，並且有不少非一級商業強片的印度電影上映，但這也讓我們看到了更多印度電影的類別與面相。

以我成長的桃園來說，印象最深刻的當屬二〇一三年的「桃園電影節」那一年有四部印度電影放映，還吸引了很多台北及外縣市的人來桃園捧場，有點與有榮焉。內心默默的祈禱「桃園電影節」能順利的每年都辦下去，但別忘了要有印度電影啊！

4. 無線電視台或各大衛星頻道

印度電影常常會在無線電視台或衛星頻道（有線電視）的冷門時段出現，很多時候台灣朋友是被畫面或故事吸引住，但卻沒去細究自己已經看了一部很好看的印度電影。在這些頻道中，以緯來電影台、好萊塢電影台、緯來育樂台、CATCHPLAY台看到印度電影的機會較大，許多甚至沒有在影展或在院線上映的印度電影，都會出現在這些頻道當中，每每轉到內心都會像中兩百塊發票一樣的竊喜。

5. DVD店有時會有沒上映直接發行的印度電影

有時候在DVD出租店或是大賣場裡的特價DVD專區，會發現不少印度電影的蹤跡。這些大多是片商買進電影之後，排不上戲院檔期，或者是搭配其他電影而被海外片商用買一搭一、買二搭二的模式，買下版權。這種搭配型的電影當中，通常會出現幾部印度電影，它們的命運大多就是直接發行DVD，或是變成無線電視台頻道冷門時段的電影了。這些意外的美麗，卻是我們這些印度粉絲最大的追影小確幸了。

6. 合法的影音平台

現在用平板或手機追劇已經是一種主流，有越來越多合法、須付費的影音平台，裡面也找得到不少印度電影。至於有上映過的印度電影，更是會搭配合法影音平台，繼續細水長流的培養更多印度電影粉絲。目前這些平台以愛奇藝、Netflix（網飛）、LiTV 線上影視等為主。

特別篇2【口碑推薦】

10大必看印度電影，迅速變成印度通

以下是推薦給大家的印度片單。

1.為愛毀滅（Fanaa）

■推薦原因：個人認為是阿米爾汗最帥的電影

■導演：Kunal Kohli；主演：Aamir Khan、Kajol；上映：二〇〇六年（印度）出品

阿米爾汗中期的作品，台灣觀眾看過的大多是他「說教」成分居多的，作品反映印度寫實面貌，也較少觸碰娛樂高的電影議題，為印度電影在台灣的票房殺出了一條血路。從二〇〇七年《心中的小星星》到二〇〇九年的《三個傻瓜》再到二〇一四年《來自星星的傻瓜》、二〇一六年《我和我的冠軍女兒》，每一部在台灣都一步一腳印的讓台灣觀眾逐漸可以擺脫對印度電影的偏見，進而能夠接受印度電影。

不過，阿米爾汗過去也曾經拍過正宗諜報愛情片！《為愛毀滅》就是飾演特務與

盲女發生一段傾城之戀，電影裡可以看到帥氣的阿米爾汗，也可以看到喀什米爾的北國雪地風光，還有德里的著名地標建築。歌舞、愛情、國仇家恨、印巴衝突構成了完整的故事，是典型寶萊塢電影所擅長的路線。這是個人心中阿米爾汗最帥的一部電影！老實說，後來看他扮醜、增肥、說教、變成外星人……我內心都不斷吶喊：「還我帥氣阿米爾汗啊！」

2.勇士維爾（Veer）

■ 推薦原因：重新認識沙爾曼汗男人味的英雄電影

■ 導演：**Anil Sharma**；主演：**Salman Khan**、**Zarine Khan**；上映：二〇一〇年（印度）出品

這是3K天王之一的沙爾曼汗在二〇一〇年的作品，他飾演在英國殖民之下奮力對抗英國的土邦王國王子。在「知己知彼」的策略下，遠赴英國留學的過程中，他愛上了歸附英國的另一土邦王國的善良公主，但兩個人的國家是有血海深仇的。沙爾曼汗在電影中的經典台詞是：「我可以一把扯下5公斤的肉！」展現十足十的霸氣，相當符合電影中勇士的形象。

《勇士維爾》當中有印度傳統的土邦王國，也有英殖民風情，服裝與歌舞充滿兩

種華麗元素，加上阿猛哥的嗓音低沉好聽，舞又跳得好看，讓原先不喜歡沙爾曼汗的人開始對他改觀！

3. 如果愛在寶萊塢（Om shanti om，另譯：珊蒂別傳）

■ 推薦原因：你給我3小時，我給你30位印度大明星的華麗饗宴

■ 導演：Farah Khan；主演：Shah Rukh Khan、Deepika Padukone、Arjun Rampal；上映：二〇〇七年（印度）出品

有人說沙魯克汗自從二〇〇七年的這部《如果愛在寶萊塢》之後，到目前為止都沒有拍出超越這一部電影的作品了。雖然沙哥還是年年都有新作，而且年年都賣座，但是回憶起沙哥的電影，在粉絲們心中這部電影堪稱經典，無庸置疑！

電影敘述一段前世今生的愛情，一個跑龍套的小演員愛上大明星，但大明星被製片人欺騙感情並陷害，在影城放火燒了大明星，小演員為了救愛人也丟了性命，留下老母親與摯友活在追憶當中。但是二十幾年後，小演員投胎轉世到演藝世家成為炙手可熱的大明星，他也在一次因緣際會之下喚醒了前世記憶，找回前世的生母及摯友，共同策劃復仇計畫，將大壞蛋製片人繩之以法。

這部電影因為主角是大明星，所以在頒獎典禮的場面，寶萊塢眾明星們都因為沙哥的好人緣來客串歌舞，長達近十分鐘的歌舞出現了幾十位當紅的明星，可以說是這部電影最好的Bonus。在印度的電影院觀看的話，會看到印度人直接起來吹口哨跳舞狂歡，可以說是完全融入歡樂的歌舞劇情。一部有著兩代愛恨糾葛、親情、友情及眾明星的加持，再搭配華麗的歌舞與配樂，絕對是喜歡印度電影不可錯過的經典。

如果只能選一部寶萊塢電影來看，前三部之一就有這部《如果愛在寶萊塢》。

4.無畏之心1＋2（Kahaani、Kahaani 2）

■推薦原因：抽絲剝繭，劇情緊湊的寫實警匪片，一二集都有保持水準

■導演：Sujoy Ghosh；主演：Vidya Balan、Arjun Rampal；上映：二〇一六年（印度）出品

印度女星薇迪雅・巴蘭出生婆羅門階級，出道後的每部作品都保持一定的水準，演技也隨著角色不斷突破。既二〇一一年飾演印度情色電影女主角的自傳《桃色汙點照》獲獎無數，電影中的「嗚拉拉」還成為當年影展必出現的哏之後，二〇一二年和二〇一六年再度出演《無畏之心》1和2的女主角。這兩部電影全片無歌舞，劇情相當緊湊，有智慧的女主角抽絲剝繭與警方合作，破獲大案。不看到最後一分鐘都不會知道整個案件峰迴路轉的關鍵是什麼。這一部《無畏之心》，就是一部不亞於好萊塢的好片，值得細看！

5.三個大丈夫：花天走地（Zindagi na milegi dobara）

■推薦原因：全片西班牙實景拍攝，透過單身旅行自省30歲以後的人生意義

■導演：**Zoya Akhtar**；主演：**Hrithik Roshan**、**Katrina Kaif**、**Farhan Akhtar**；上映：二〇一一年（印度）出品

這部電影是從三個大學同窗好友的一場單身旅行開始，他們的足跡從西班牙的巴塞隆納到安達魯西亞的大城小鎮和馬德里；從瓦倫西亞的布紐爾鎮的番茄節，到與法國接壤的潘普洛納小鎮的奔牛節，西班牙美景與人文盡收眼底。

三位同窗好友各自挑選一項極限運動，與生命擦出火花的一趟旅行，讓工作狂開始懂得放慢腳步，享受人生；讓與生父在西班牙重逢的詩人更有豁達的內心去面對以後的生活繼續創作；讓不想結婚的成功商人有勇氣與未婚妻解除婚約。一部旅行的電影，細細品味人生的意義。

三個大丈夫

6. 愛無止境（JAB TAK HAI JAAN）

■ 推薦原因：滄桑路線的沙魯克汗就是一個「帥」字可以形容

■ 導演：Yash Chopra; 主演：Shah Rukh Khan、Katrina Kaif、Anushka Sharma; 上映：二〇一二年（印度）出品

全片從拉達克開始，在有著「藏傳佛教」聖潔氛圍，以及在《三個傻瓜》裡早就被大家讚嘆不已的班公湖取景，瞬間就吸引了觀影的目光！印度軍人、拆彈專家、喀什米爾印巴邊境的危險與美麗，就是本片最特別之處。沙哥在這部片帥慘了的演出，成功串聯了舊有寶萊塢的浪漫愛情，以及現代寶萊塢的時尚與國際觀，加上整部片的配樂超級棒，在每個重要的場景適時又不落俗套的呈現，賺取了人們內心深處，對愛

情及對夢想的勇敢追求。

一句「不會死的人」而選擇成為拆彈專家，全都是來自於為愛而生的信仰。人生如戲，戲如人生，愛與勇氣是一生都不可以失去的東西。在片尾還有一段感人的致意片尾曲，原因是本片的導演 Yash Chopra 在電影還未上映前，就在二〇一二年的十月去世；這位寶萊塢教父級的電影大亨，拍過許多膾炙人口的電影。

7. 燃情邁阿密（Dostana）

■ 推薦原因：在半夜看這部片會大笑，煩惱一空的愛情喜劇片

■ 導演：**Tarun Mansukhani;** 主演：**John Abraham、Abhishek Bachchan、Priyanka Chopra、Neha;** 上映：二〇〇八年（印度）出品

「友誼的無限可能」是這部片最好的詮釋。這部電影跳脫了一般寶萊塢電影重視的男女非君莫屬的那種框框，讓男女之間的友誼有了「可以讓人值得再去思考」的空間。換句話說，電影開拔到美國邁阿密拍攝的背景，將寶萊塢電影注入了美國文化的部分元素，擦出令人欣喜的火花。

電影中兩個條件很優的型男，從花花公子到為了住在一間面海的毫宅，並取得居

留證的前提之下，扮成同性戀並住進了美豔女強人 Neha 的家，然後展開了一段友情與愛情並進的「同居」故事。

8. 小失戀大漫遊（Queen）

■ 推薦原因：單身的歐遊旅行找回自信與目標，失戀女孩們必看的療癒系電影

■ 導演：Vikas Bahl；主演：Kangana Ranaut、Rajkummar Rao、Lisa Haydon、Jeffrey Chee Eng Ho、Mish Boyko、Marco Canadea；上映：二〇一四年（印度）出品

女主角 Rani 大學的時候就被長輩的兒子 Vijay 追走，但是 Vijay 不是她的真命天子。在結婚前一天，Rani 被悔婚，人生從18歲開始就為男朋友而活的她，在24歲時頓時失去自信和人生方向，但最後仍然選擇一個人去走完當初訂好的巴黎蜜月旅行。一個人到歐洲漫遊，住在荷蘭的背包客混合房，認識來自法國、俄國、日本的三個善良的男室友，還有一位義大利籍的廚師，女主角透過與這四位印度以外的男性相處，讓她真正找回自信及成就感。

小失戀大漫遊

這部片的啟發性有點類似在台灣上映時頗受歡迎的《救救菜英文》（English

Vinglish），兩部都是在講述原本以家庭或男人為天的印度女性，如何在重視女性、尊重女性自主權的西方社會，找到自己的天空與存在價值。這部片也同樣適合亞洲地區女性觀賞，並從電影故事當中思索自己在社會及家庭中的定義。

9. 勇士（Magadheera）

■ **推薦原因：南印度托萊塢版前世今生的愛戀**

■ **導演：S.S. Rajamouli；主演：Ram Charan、Kajal Aggarwal；上映：二〇〇九年（印度）出品**

「轉生百世，也無法澆熄我愛的渴望！」（Shatajanmalaina aagiponi antuleni…yatra chesi；Gelion 譯）第一勇士的男主角，家族世世代代都在保護這個王國，每一位勇士都活不過30歲。四百年前某一個王國的公主與第一勇士的愛情，因為可惡的叛臣情敵阻礙，上演一段可歌可泣的悲劇愛情，男女主角在死之前沒法牽住對方的手，成為下一世他們相認的關鍵。

南印度的電影，雖然壞人的暴力、血腥程度較直白，但是在服裝、飾品的細節，以及印度境內自然風景的取景，就可知比寶萊塢電影來的用心。近年許多寶萊塢電影漸漸走向與國際接軌的路線，不少片子都傾向直接到國外取景，雖然也是相當吸引人，但是看印度電影的時候，可以看見如同本片中印度的自然壯麗風景，更是會讓人動心懾服。

本片的導演是屢屢創下托萊塢影史奇蹟的導演S. S. Rajamouli，如果你對他的作品《帝國戰神：巴霍巴利王》、《巴霍巴利王：磅礡終章》和《終極唬神》（Makkhi）印象深刻的話，那麼絕對不能錯過這部片。

10. 我的名字叫可汗（My Name is Khan）

■ **推薦原因：「美國911事件」之後反恐氛圍的省思**

■ **導演：Karen Johar；主演：Shahrukh Khan，Kajol；上映：二〇一〇年（印度）出品**

這部片從拍攝到宣傳期間都掀起了很多話題，包括身為穆斯林的天王男星沙魯克汗到美國拍攝電影期間，在機場遭到隔離問話。911之後的美國，乃至於現在的「伊斯蘭國」和以巴衝突，身為世界公民的一分子，都該對「伊斯蘭」這個關鍵字有更多的了解。

片中除了處理穆斯林在美國的問題之外，同時包涵了包括印度教與伊斯蘭教、美國黑人及白人之間消彌種族隔閡的議題。分開來看，每一個都是敏感而又不得不承認存在於美國的問題，但導演及編劇卻有辦法把這些都結合在一起，用最感動人心又平易近人方式去做詮釋。沙魯克汗飾演患有亞斯伯格症的男主角，卻始終如一的用自己單純一貫的心去看待世界及完成諾言，全片最動人之處。

用電影說印度

從婆羅門到寶萊塢，五千年燦爛文明背後的現實樣貌

INDIAN DREAM FACTORY

作者 黃偉雯

責任編輯 蔡穎如
封面設計 兒日設計
內頁編排 林詩婷

行銷企劃 辛政遠
楊惠潔
總編輯 姚蜀芸
副社長 黃錫鉉
總經理 吳濱伶
首席執行長 何飛鵬

出版 創意市集
發行 英屬蓋曼群島商家庭傳媒股份有限公司城邦分公司
Distributed by Home Media Group Limited Cite Branch
地址 115 台北市南港區昆陽街 16 號 7 樓
7F No. 141 Sec. 2 Minsheng E. Rd. Taipei 104 Taiwan

讀者服務專線 0800-020-299 周一至周五 09:30 ～ 12:00、13:30 ～ 18:00
讀者服務傳真 (02)2517-0999、(02)2517-9666
FB粉絲團 https://www.facebook.com/InnoFair
E-mail 創意市集 ifbook@hmg.com.tw

城邦書店 城邦讀書花園 www.cite.com.tw
地址 115 台北市南港區昆陽街 16 號 5 樓
電話 (02) 2500-1919 營業時間：09:00 ～ 18:30

ISBN 978-986-95985-3-8
版次 2018 年 4 月初版 1 刷／ 2024 年 7 月初版 6 刷
定價 新台幣 340 元／港幣 113 元

製版印刷 凱林彩印股份有限公司

國家圖書館預行編目 (CIP) 資料

用電影說印度：從婆羅門到寶萊塢，五千年燦爛文明背後的現實樣貌 / 黃偉雯著 . -- 初版 . -- 臺北市：創意市集出版 ： 家庭傳媒城邦分公司發行， 2018.04
面； 公分

ISBN 978-986-95985-3-8 (平裝)

1. 社會生活 2. 文化史 3. 印度

737.08 107000377

香港發行所 城邦（香港）出版集團有限公司
香港九龍土瓜灣土瓜灣道 86 號順聯工業大廈 6 樓 A 室
電話：(852) 2508-6231
傳真：(852) 2578-9337
信箱：hkcite@biznetvigator.com

馬新發行所 城邦（馬新）出版集團
41, Jalan Radin Anum,Bandar Baru Seri Petaling,
57000 Kuala Lumpur,Malaysia.
電話：(603)9057-8822
傳真：(603) 9057-6622
信箱：cite@cite.com.my